国家治理与政府改革译丛
总主编 张成福

BREAKING THROUGH BUREAUCRACY

政府改革的新愿景

[美] 迈克尔·巴泽雷（Michael Barzelay） 著

孔遂宪 王磊 刘忠慧 译

A New Vision for Managing in Government

中国人民大学出版社
·北京·

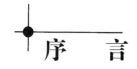

序　言

　　思想观念至关重要，在实践中所起的作用绝不逊色于在学术研究中所起的作用（这种说法虽然不太准确，但事实的确如此）。这也恰恰是麦克尔·巴泽雷（Michael Barzelay）所著《政府改革的新愿景》一书的主旨，它对美国的政府管理有着特殊的参考价值。

　　凯恩斯（Keynes）有过著名的论断：只注重实践的人们，他们认为自己不会受到理论上任何的影响，但就是他们，通常摆脱不了某个过世的经济学家的影响。[1]在这个精神的影响下，巴泽雷认为那些当选的政府官员，被任命的高级执行官和媒体评论员，虽然他们都发表自己的观点，这些观点认为应该对组织结构进行调整，对美国政府部门的监督产生影响，但他们自己也成为某些过时观点的奴隶。当然，这里指的不是经济学观点，而是管理学观点。

　　巴泽雷认为，这些仍然支配我们政府管理活动的现有观念，已经牢固地扎根于政策管理二分法之中，这些都是20世纪初改革的遗留物。你可能会说，这没有新意，政策管理二分法在很久以前就被抛到历史的垃圾箱中了。但事实并非完全如此，巴泽雷强调，无论这一观点在各个理论中的地位如何，政策管理二分法仍然起作用，并且在实践领域中所起的作用很大。巴泽雷不断强调这些方法对美国政府管理起了很大的作用。但作为美国公民，政府管理正是我们非常不满意的地方。

　　然而这只是开始，巴泽雷知道废除一条旧的思维定势（或者叫范式）是不可能的，除非你找到一条新的来取代它。他还意识到，一种思维模式之所以能顽固地存在于政策管理部门之中，是因为它可能符合了一部分拥有资金支配权的重要领导的利益。一种可行的新思维模式至少必须能继续满足原有的利益，而且还要有更多的优点，才能成功地替换前一种模式。巴泽雷不仅批判了原有的为了满足部分利益而定的需求，还构筑了一套适合我们这个时代的新的政府管理模式。

　　为了满足一部分不熟悉美国政府管理历史的读者的需要，这里有必

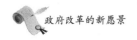

要对一些专业词语进行语义上的解释。政策管理二分法是指一种法则，就是说政策的制定和政策的执行是两项分开独立进行的活动，在有序的政策中，许多政府官员被分成各个小组，合理地进行各种活动。这一法则中有一些经典的描述，即当选的立法者应该仅限于完成政策的制定，而被任命的管理者应该仅限于政策的执行。

在学者当中，以一种过去时态来谈论政策管理二分法是很平常的事，但是在提高效率的改革之中，这一法则在今天毫无疑问是非常有用的，它是克服政府管理低效的有力的武器。但是作为对过去是何状态以及应该是何状态的描述，的确是有缺陷的。然而，人们没有经常注意到的是，一种思维模式，或者叫范式，它的存在是依附政策管理二分法形成的，而政策管理二分法仍然支配着美国人民关于政府管理这一主题的看法。

巴泽雷阐述的所谓"官僚制范式"的核心问题，就是民主、明确的责任制。这个方案的提出可以解决原有的党派内部成员之间相互庇护以及行政上的干预。此方案是指执行规定应该作为行政上的活动予以组织进行。规定应该非常清楚明确，规定的执行也应该公事公办。管理改革的目的十分简单，那就是使政府工作诚实高效，为了每天的报酬而付出相应的努力。一些应该杜绝的罪恶是：贪污腐败，独断专横，以及懒惰低效。因为这些罪恶将导致官僚制的思想和创造力没有生存的空间。随后所涉及的改革的合理方法就是加强组织管理严密的控制。准确地说，规定涉及很多情况，比如说调查员会清除贪污，对主要领导的贴身随行人员由人事部门的人进行严格的监督。

政府管理的思想从整体上来讲是从商业领域借鉴来的。官僚制范式也毫不例外。如果它在政治上已经扎根于主张进步的改革中，那么它在经济领域就来源于科学的管理活动。而科学的管理所强调的中心问题是如何将生产线上的生产力最大化。其解决方案就是进行工人的时间与运作关系研究，以确认最有效的重复运作方式，然后确保工人们能不断地适应这些高强度的重复性劳动。

当商业理念运用到政府管理中以后，可能会有很大的改变。官僚制范式就有其适合生长的土壤。民选的官员们担心，随着政府部门即将采取新的管理方式，行政工作会变得更容易，他们会失去一些权力。而选民们一想到官僚制的腐败和浪费就十分气愤，他们觉得施行"商业式的管理"可能会带来一些改进。

这一模式的最早提出距今已接近一个世纪了，而商业领域在不断地进步。如今，此模式的管理焦点已经不仅仅集中在如何比进步神速的竞争对手更要领先一步，而是体现在如何把简单的静态效率发挥到极限。现在已经形成共识，最有名的大公司，它们都有能力不断地进行为顾客着想的调整和改革。这不意味着追求效率已经过时，而是在当今时代老式产品生产的效率已经被认为是破产的捷径。

为了努力实现这种新的、非常复杂的有效管理，如今的商业首脑们已经逐渐认识到组织严密的管理有很严重的局限性。在顾客的要求和生产过程十分稳固的情况下，这一方法能奏效。但是，当挑战来临时，企业必须满足顾客不断变化的要求，必须比自己的对手们更快地生产出新产品，获得持久的生产利润，这种组织严密的管理就不能奏效了。没有一家小型企业的管理者能对这些有创新的观点产生足够的认识；他们也没有通过严格管理的政策来找到工人应为不断提高产品质量而担负的责任。

因此，在商业部门中，管理改革的重点已经从严格的控制管理转向了激发雇员们的责任感，增加他们的知识面以及释放他们被约束了的创造力。为了达到这一目的，许多商业领导们不断地寻求在他们的组织和决策责任中引入低一些的标准，尤其是在直接面对顾客的部门；同时也依靠招聘新员工，培训他们，组织并激励他们，以使他们适应公司的总目标。

直到现在，无论是研究者们还是实干家们，都很少注意到在政府部门中运用新的商业管理理念的重要意义。原因可能是人们很难想象一个"松散"的政府机构管理模式会是什么样子，它怎么能担负起政府部门应负的责任。

巴泽雷根据自己的经验接受了这一挑战。他仔细研究了在政府管理实践中如何适应新的理念的主要部分这一真实过程。在研究中，他特别关注改革引出的不同意见，如针对他的改革目的的直接批评，对他们在改革中失误的争论，以及新理念在政府管理方面引起的有力竞争。

巴泽雷发现，行为与责任之间的紧张关系并不是像我们想象中的那样难以解决。毕竟，商业领袖们很少撤销他们认为非常重要的管理要素。比较两种模式，焦点相对集中在管理的方式而并非程度上，还集中在高层管理者们认为最关键的工作上。在我看来，巴泽雷的最大贡献在于，他证明了在政府部门中，协调责任，权力委托以及激发雇员的创造性的目标是完全可以实现的；还在于他提供了我们一直追寻的各种实践方法

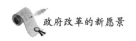

的证明。我不打算在这儿概括他的观点，因为在如此短的序言中我做不到。我只想简单地提一下，任何一位对这一主题非常感兴趣的读者，都会发现《政府改革的新愿景》这本书充满了新颖、有说服力的观点。

需要提醒读者注意的是，《政府改革的新愿景》这本书是作者根据亲身经验所写的学术著作，这当然不是说本书同一般的实践有关。巴泽雷的研究方法是探索性的，他始终都在考虑这一方法在其他情况下如何进展。他详细研究的一个案例，关于明尼苏达州政府，这个很长时间以来十分出色的政府，很少传出丑闻，更少有任何法规出台，他把读者的注意力引向局外。但是巴泽雷主要关心的是有什么方法才能使政府成为或应该成为那样。在他看来，当代的一般活动和其历史根源只是大背景，而并非我们探寻的中心问题。

在本序言中应该提到，巴泽雷的调查研究是由州和地方政府改革创新计划组资助的。这是一个福特基金会和哈佛大学约翰·F·肯尼迪政府学院的合体。此改革创新计划既包括每年一度的全国范围的州及地方政府创新比赛（前10名每人获10万美元），也包括研究课题。巴泽雷首先提出了本文描述的明尼苏达州的情况，并因此成为一名在1986年获改革创新奖的选手。他最初只是出于教学目的想写一个研究案例，但随着调查的深入，他在理论上的灵感使他感到有必要详细研究下去，并最终用了五年时间完成了这一研究。《政府改革的新愿景》一书给人的印象是语言论述清晰、优美，很明显，在过去它吸引了许多读者。就是在将来，它也会被读者们喜爱，并在实践中予以运用。[2]

巴泽雷的观点在很早之前就发表了，并且迅速传播，被广泛运用到实践中，还形成理论成为学校的一门课程。他的观点在学术和实践中的应用几乎成了获得改革创新计划奖金的典型例子。同时也反映出了主持这一计划组的评审官们对其所持的肯定态度，我也是其中之一。总体来讲，对于政府管理而言最有效的途径就是特别仔细地观察实践过程，作为学者，能帮助政府管理提高效率的最好方法就是探索、研究、观察、思考有关实践的具体问题。

在《政府改革的新愿景》一书还在酝酿的几年中，巴泽雷不断往返于学术调查研究组和被调查的实践部门之间，其时他有了一个新的想法，他应该为工作在以上两个领域的人写一本书。同时，他敏锐地意识到这两个领域的读者对他的观点有不同的兴趣和文体上的偏爱。巴泽雷认为，政府官员们喜欢首先寻找那些他们能采用的观点和方法来阅读，在文体上，他们更愿意读用简单明了的语言写成的案例，并附有最有趣的抽象解释和正式文件。但是研究学者们更喜欢有关现实的概括，新的数据、严谨的论证、精确的概念以及理论与调查的联系，他们愿先找到这些部分来读。

巴泽雷很想同时与这两批有不同阅读目的的读者进行交流。考虑到如何实现这一愿望，巴泽雷作出如下的假设：首先，许多在管理一线的人们非常需要该书给出严格的解释，特别是这些解释针对的是他们关心的中心问题，解释应该用平时常用的语言写出，并附有丰富的实际工作中的例子。其次，对于学者们来说，他们的阅读目的也可通过阅读文中专业的实际探寻标准得以满足。在本书正文中，巴泽雷所提的特别解决方案是把引起学术兴趣的解释的各方面给予归类，并且他所涉及的所有文件都有丰富的脚注。让我吃惊的是（其实我是一个常抱有怀疑态度的人）这本书能将二者如此完美地结合起来。研究学者们和一线的管理者们都会发现此书确实是一本好书，并且学者们也会在本书的最后部分，找到自己所感兴趣的不同问题的阐述。

阿伦·A·艾尔舒勒

注　释

[1] John Maynard Keynes, *The General Theory of Employment, Interest, and Money* (1936); quoted here from *Bartlett's Familiar Quotations*, 14th ed. (Boston: Little, Brown, 1968), 977.

[2] 当然，这是进行改革的一般方法。See Robert D. Behn, "Management by Groping Along," *Journal of Policy Analysis and Management* (Fall 1988): 643–663.

使政府机构更高效地工作一直是美国人在整个 20 世纪面临的一项挑战。从政府公务改革到差额选举，从州政府的重组到专业的城市管理，还有预算改革这些运动的推出，标志着改革传统的开始。然后在 20 世纪 30 年代末期，有关行政管理的综合观点发表了，并在随后被无数次引用。在 20 世纪 70 年代致力于改革政府事务的新一代美国人探寻了一系列方法，包括系统分析，政策分析，计划预算以及计划评估，以此来改善政府工作的结果。

美国人又一次面临如何提高政府部门表现的挑战。[1]有些人靠一些理论上的帮助在寻求实现他们的目标，这些理论的范畴与官僚制的观点如权力、责任、效率和控制不同，它们包括：顾客、服务、质量、灵活性、创新、授权和不断改进。学到了这些和其他一些理论，各级政府官员们可以用一种新的方法来尝试解决很多政府运行中存在已久的问题。但是，同时，还有其他一些政府管理者们只把这些理论仅仅当成另一种时髦。

对于那些对此观点不屑一顾的读者来讲，《政府改革的新愿景》一书提出了许多在实际工作中被证明的论点，提出一种新型的政府管理模式的可能，并且还可以将这些有用的观点由改革者传给后来人。越来越多的政府官员已经接受了这个观点，对于他们而言，本书不仅提供了政府机构中许多重要部门可行性政策的实例，还提供了这些观点的解释，分析了它们是如何挑战从 20 世纪初就指导我们工作的官僚制范式。对于那些对这些观点既不接受也不反对的人们来说，本书也提供了有力的证据，说明通过实际应用本书中的新理论，是可以解决至少一部分在政府工作中反复出现的重要问题的。

中心思想

本书所涉及的各种问题是任何一位在政府部门工作的人员最熟悉的。

这些问题都发生在部门之间的公务相互影响的过程之中，例如，直接负责政府部门产出的一线雇员同掌管输入的行政雇员之间。许多参谋部门的雇员都受中央集权的影响，在一本由政府管理者所写并且是写给他们同行看的著名的书中，戈登·蔡斯（Gordon Chase）和伊丽莎白·瑞威尔（Elizabeth Reveal）这样概括了一线部门与行政部门之间的关系。

  在实际工作中，高层（人事）部门经常成为政府施行高效管理的障碍，复杂难解、细节加在一起使得高层部门能舒舒服服不受责任机制的监管。高层部门使用一系列策略来挫败公共管理者并且牢牢控制住财务和人事大权。整个行政系统越僵化，存在的障碍就越多。在这样的系统中，随着过程变成目的本身，所有的业绩几乎都变得毫不相干。对明理的管理者来说要么你最终累得筋疲力尽并无可奈何地默许，要么必须不断地通过纯粹的刺激而自我充电，这些都是工作的一部分。[2]

与上面所引用的内容不同，《政府改革的新愿景》不是一本介绍政府工作方面的入门读物，更确切地说，它更关注一个州政府如何齐心协力克服官僚制和政策的约束。这些会导致行政部门不必要的困难，以致不能得到公民们满意的结果。在明尼苏达州的政府行政部门，早在20世纪80年代初就开始这方面的努力。参谋部门的执行官们最终获得了监督者、各层次管理者和雇员们的支持，也得到了顾客们的承认，他们明确了责任关系，重新设计了运行策略，在内部各部门之间引入选择和竞争，并且设计了管理过程，更注重结果而非投入。在80年代末，这一实验吸引了全国许多政府管理者们和教育家们的目光。[3]

本书认为，虽然官僚制范式可能会带来好的政府管理，但实际上会导致政府责任弱化、误导。它检查了这些反对官僚制范式本质的特殊的组织策略是如何提供可行性解决方案的。为了帮助读者们在他们的实际环境中应用这一方法，本书特别突出了部分论点，如作出突破常规的解决方案，在执行过程中的重要细节以及测量到的结果。《政府改革的新愿景》包括了如何处理参谋/行政/监督部门之间关系的原则，还包括在管理概念的历史进程中，人们经常对新的观念有偏见的事实。

把研究与实践结合起来

写这本书的初衷是十分明确的。1986年秋天，也就是我在约翰·

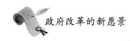

F·肯尼迪政府学院任教的第二年，我参加了州和地方政府的创新计划，这是由福特基金会和我们学院共同组织的。我的第一个任务就是编写一本有关明尼苏达州"创造更优的绩效"计划（STEP）的教案。凭这一计划，我在几个月前获得创新奖。我多次采访了管理部门的桑德拉·黑尔（Sandra J. Hale）委员和代理委员巴贝克·亚美吉尼（Babak Armajani）以及参加这一计划的其他人。我通过 1986 年的采访了解了这个项目的远景目标实践的困难，并且证明了在政府机构中提倡革新的可能性。

随即我就将精力从搞研究转到了公有部门管理的创新上，我开始更加严肃地考虑人们的这样一种观念，即搞学术的学者们应当也可以从搞实践的人那里学到东西。根据我的体验，这一概念深深地扎根于肯尼迪学院的文化中，明确了在革新计划中一项主要前提。作为学者，我觉得和某位搞革新的实践者之间结成某种智力上的伙伴关系是一个不错的主意。在我为 STEP 计划工作时，就感到巴贝克·亚美吉尼会成为我在实践领域的合适的伙伴。当我向他发出邀请后，他谦虚地接受了我的邀请。

当时，亚美吉尼作为一名助手，后来又担任代理委员，一直干了五年，负责政府集中采购、数据处理、综合服务和其他方面的管理工作。改进计划执行时，州政府的工作已经到了不改不行的地步，就如在第 2 章开头所描述的故事那样。有关管理的改变，在第 3 章中加以解释，其中的很多原则是 STEP 计划所倡导的，另外还融合了其他的观点，比如服务供应商应对顾客负责，以及在政府内部引入市场竞争的因素。当亚美吉尼给我看了一份阐述政府部门正在拟订的计划后，我开始对行政、监督和业务部门间所发生的事情有所了解。其中许多观点如确定是你的顾客，服务与管理活动分离，以及把服务当作公益事业或市场企业管理，都引起了我的极大兴趣，根据我对政治经济体系和管理的研究，我提了十个和文件相关的概念性或实践性的问题。他的回答使我相信，考察人采用何种新颖的方法去解决人事和行政领域重复发生问题，是公共管理有益的贡献。

几个月后，亚美吉尼成了州财政局的副局长。在财政局中，亚美吉尼与很多局内和局外的合作者一起，将一些同样的理念应用到如何将公民的行为纳入到遵守规范这一事业中。在他起领导作用的一些商议活动之外，他还提出了诸如"为全体顾客服务"和"以坚持标准取胜"的观点，以及如何将这些观点应用到人事和一线部门实践中去的一些操作性的策略。1991 年 1 月，亚美吉尼由于政府更迭离开了州政府。

在亚美吉尼看来，合作是一种时机和动力，可以提炼概括一些一般的概念、论点和策略，例如，与市场动态有关的策略，这些都是亚美吉尼在解决管理部门中存在的问题时归纳出来的。在中央人事和财政部门中，行政管理和组织策略都有相似的发展和改变，这种改变起了主要的事实上的联系，有助于我们齐心协力地理解，理论和行为是如何在政府管理中带来预期的组织变化的，以及在人事部门和行政部门中是否为公众提供了直接的服务。我们还非常幸运地得到了许多个人的帮助，特别是杰夫·兹洛尼斯（Jeff Zlonis）、拉里·格兰特（Larry Grant）、伊莱恩·约翰逊（Elaine Johnson）和朱迪·平克（Judy Pinke），他们私下花了许多时间给我们讲他们的经验，并且对我们所提出的一些概念、主题给予批评指导，为的是明辨发生在人事部门中有关组织改革的努力哪些是有新意的。

　　虽然我同这些实行改革的部门和亚美吉尼本人关系很好，但我一直都作为一名来自专业管理学院的学术研究者来看待自己的作用，我从未把自己当成明尼苏达州政府的顾问，并且我搞研究和写作的费用都是由改革创新计划小组和约翰·F·肯尼迪政府学院提供的。我这次研究之所以能够成为可能，还得益于鲁迪·勃彼奇（Rudy Perpich）州长的支持，他一直支持在州政府内部引入新的管理思想，还得益于行政委员桑德拉·黑尔在调查过程中给我的鼓励，以及约翰·F·肯尼迪政府学院和福特基金会的支持。

　　在1987年至1991年，经过数百次的对话，我和亚美吉尼在许多事情上取得了共识。例如，亚美吉尼使我明白了在政府管理中，顾客是最重要和有力的概念。而我也使他相信在政府中实施顾客至上的理念所遇到的一些困难，是可以凭借认知科学家们在理论中的发现而加以解决的。再如，他使我明白了，他在政府提倡的观点和实践有别于政府官员们或是政治家们的思想和行为模式。通过调查人事部门的初始状态后，我使他相信了，他所为之奋斗的那种可以代替原有模式的新模式，只是特殊历史进程中的一个副产品。但是，他所倡导的变革的理由可以使人们相信，新的模式应该比20世纪初改革家们提出的成熟的旧模式有更多的优点。我们之间的这些对话很多是在一起撰写论文的时候，论文名为《管理州政府运作：改变人事部门的观念》，此论文是我们合著的，发表在1990年《政策分析和管理》杂志上。

　　我们合著论文的方式是透彻地讨论我在多份要点和草稿中列出的所

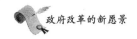

有观点。当我们决定出书后，我们之间的讨论方式也同以前差不多。到了本书草稿完成时，无论在他人还是在我看来，"合著"这个词很明显不能准确地说明我们之间的这种非标准的工作关系，而且亚美吉尼也同意把他作为本书的合作者这一建议，亚美吉尼还劝我把文中的观点再加工得精确一些，以便能经受住公众政策、管理和行政领域学术委员们的检查。随后，我又重新提炼了自己的观点，并在出版之前又将本书的主要写作方式作了重新组织。简而言之，亚美吉尼参与了本书出版过程中的某些方面而不是全部。虽然他同意本书中所有主要观点，但如果他打算自己也写书，发表他的或是我们的观点，那他肯定会用与本书截然不同的写作方式和文体来写。因此，作者也应该独立负起本书写作目的和实际学术造诣之间的差异的责任。

麦克尔·巴泽雷

注 释

[1] See, for example, Fred Jordan, *Innovating America* (New York: Ford Foundation, 1990).

[2] Gordon Chase and Elizabeth C. Reveal, *How to Manage in the Public Sector* (Reading, Mass.: Addison-Wesley, 1983), 64−75.

[3] 明尼苏达州在1986年，因其名为"STEP"（努力做到最好）的计划，而获得福特基金中的州及地方政府改革奖。欲了解背景，请参阅"Striving towards Excellence in the State of Minnesota," John F. Kennedy School of Government case C16−87−737; "Denise Fleury and the Minnesota Office of State Claims," John F. Kennedy School of Government case C15−87−744; Michael Barzelay and Robert A. Leone, "Creating an Innovative Managerial Culture: The Minnesota 'STEP' Strategy," *Journal of State Government* (July-August 1987): 166−170; Alan Altshuler and Marc Zegans, "Innovation and Creativity: Comparisons Between Public Management and Private Enterprise," *Cities* (February 1990): 23; and Sandra J. Hale and Mary Williams, eds., *Managing Change: A Guide to Producing Innovation from Within* (Washington, D. C.: Urban Institute Press, 1989). 另外，明尼苏达州名为"企业管理"的人事部门管理策略，也参加了1989年福特基金

的最后角逐。John F. Kennedy School 的另一案例"Introducing Marketplace Dynamics in Minnesota State Government," C16-88-826 也致力于这个策略起源的研究。早些时候，在 Michael Barzelay and Babak J. Armajani, "Managing State Government Operations: Changing Visions of Staff Agencies," *Journal of Policy Analysis and Management* (Summer 1990): 307-338 里就发表过对此经验的分析。明尼苏达州企业管理的经验，吸引了许多 practitioner-oriented publications 投稿者的注意力：例如，Ron Zemke, "Putting Service Back Into Public Service," *Training* (November 1989): 42-49; David Osborne, "Ten Ways to Turn D. C. Around," *Washington Post Magazine*, December 9, 1990, 19-42; and Barbara Bordelon and Elizabeth Clemmer, "Customer Service, Partnership, Leadership: Three Strategies That Work," *GAO Journal* (Winter 1990/91): 36-43. 在美国弗吉尼亚州阿灵顿市 1990 年 11 月召开的，主题为服务管理的人事管理研究会议上，Michael Barzelay, Jeff Zlonis, and Elaine Johnson 对此经验作了总结。

致　谢

在本次调查活动中，我的合作者还有：拉里·格兰特（Larry Grant），约翰·海格特（John Haggerty），彼德·哈特钦森（Peter Hutchinson），伊莱恩·约翰逊（Elaine Johnson），吉姆·金齐（Jim Kinzie），琼·科欣卡（Joe Kurcinka），康妮·纳尔逊（Connie Nelson），朱迪·平克（Judy Pinke），朱莉·威克曼斯（Julie Vikmanis）和杰夫·兹洛尼斯（Jeff Zlonis）。他们不但写了本书最后引用的背景材料，还与我讨论了很多书中发表的观点。他们在我把草稿写成书出版的过程中给了我很大的鼓励，以使本书能满足一线管理者们的需要。他们也应该高兴地看到，"附属问题的解决"这部分内容已经从书中删去了。

我还受到了来自下面各位的鼓励，他们是：查尔斯·E·林德布罗姆（Charles E. Lindblom），尤金·巴德克（Eugene Bardach），艾伦·维尔达斯基（Aaron Wildavsky），马克·摩尔（Mark Moore），马克·泽根斯（Marc Zegans），玛丽·乔·班恩（Mary Jo Bane），爱伦·阿尔舒勒（Alan Altshuler），罗伯特·拜恩（Robert Behn），罗杰斯·M·史密斯（Rogers M. Smith），斯蒂文·凯尔曼（Steven Kelman），理查德·爱默尔（Richard Elmore）和罗伯特·莱西（Robert Reich）。他们提出的意见对我的倒数第二稿的修改很有帮助。尤其是简尼·巴德克（Gene Bardach）很乐意写出了他对那一稿的详细指导意见，并且又迅速地评论了我新的和重新写的章节，他认真负责的态度甚至超过了坚持学术标准的学者。

本书的前几稿还得到以下各位的有益的点评，他们是：黑尔·钱平（Hale Champion），丹·芬恩（Dan Fenn），大卫·毕绍普（David Bishop），马绍尔·贝利（Marshall Bailey），米格尔·安吉尔·莱萨拉斯（Miguel Angel Lasheras），弗来德·汤普森（Fred Thompson），李·弗里德曼（Lee Friedman），艾拉丝黛尔·罗伯茨（Alasdair Roberts），安德鲁·斯通（Andrew Stone），J·奥斯汀·伯克（J. Austin Burke）和詹姆斯·克拉克（James Clark）。质量研究工作是由大卫·斯内尔拜克（David Snelbecker）和米丽亚姆·约根森（Miriam Jorgensen）协助完成的。

我们还应该感谢那些于 1989 年 6 月在约翰·F·肯尼迪政府学院参加会议的人们，那次会议是有关州政府事务的。还要特别感谢计划组执行副主任彼德·齐默尔曼（Peter Zimmerman），还有负责组织管理那次为期两天的会议的朱莉亚·艾略特（Julia Elliott）。参加会议的人还包括上面列举过的合作者们：鲁迪·勃彼奇（Rudy Perpich），桑德拉·黑尔（Sandra J. Hale），约翰·詹姆斯（John James），汤姆·特瑞普莱特（Tom Triplett），约翰·布兰登（John Brandl），大卫·毕绍普（David Bishop），凯文·凯吉尔（Kevin Kajer），斯蒂芬·奥德尔（Steven Ordahl），玛丽·福克（Mary Faulk），列斯·斯蒂恩（Lias Steen），奥托·布鲁特里克（Otto Brodtrick），布莱恩·马森（Brain Marson），已去世的斯蒂芬·B·海克纳（Stephen B. Hitchner），小詹姆斯·弗蒂尔（Jr. James Verdier），罗杰斯·M·史密斯（Rogers M. Smith），杰瑞·L·马绍尔（Jerry L. Maashaw），罗伯特·利昂（Robert Leone），还有几位约翰·F·肯尼迪政府学院的同事。

通过这个途径，在 1989 年至 1990 年，在约翰·F·肯尼迪政府学院举办的高级执行官培训计划中，我向一百多位联邦政府管理者们讲授了有关明尼苏达州管理的案例。在这里我向他们表示感谢，是他们从与他们工作相关的案例中，给我指出了哪些方面是重点。在过去的一年中，罗伯特·科沃里克（Robert Kowalik）（一位有经验的管理者，受过语言方面的训练，是我的朋友）帮助我提炼了有关模式的观点，并且使我意识到了如何才能把书中的观点写得恰当，这些观点是以明尼苏达州为背景，而不是以马萨诸塞州为背景的。在写作过程中，还有一个人在文章的主旨、组织、文体方面给我提供了最多的有价值的反馈意见，她就是凯瑟林·S·默克赫伯（Catherine S. Moukheibir），她还帮助我分析说明了来自学者们和一线实践者们的对最初几稿的批评意见，并且转化成很多策略，使本书获得了两个领域读者的认同。

亚美吉尼向约翰·詹姆斯说明了自己的个人态度后，作为财政局委员的约翰·詹姆斯全力支持其代理委员亚美吉尼的工作，支持其在人事部门的改革和合作，这才最终有了本书的诞生。

就在本书被同意出版之后，查尔斯·E·林德布罗姆不止一次地告诉我 J. K. 加尔布雷斯（J. K. Galbraith）40 年前给他的建议：把已经写完的手稿再彻底重新写一遍。这个工作是我在 1991 年秋季学期内完成的。

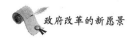

这里要感谢约翰·F·肯尼迪政府学院院长罗伯特·D·普特南（Robert D. Putnam）和阿尔伯特·卡内塞尔（Albert Carnesale），是他们大力支持学院的发展。布鲁诺/科特联合会（Bruner / Cott & Associates）的人们慷慨地允许我使用他们在马萨诸塞州剑桥的一处秘密办公地，使我能在不受干扰的情况下完成了我的最后一稿。

我谨以此书献给曾经向我传授能力、训练我写作而辛勤劳作的专业教育家们。我向在这里提到的人们表示衷心的感谢，并请求他们能够继续以同样的方式教授我的学生。他们是：彼得·S·贝内特（Peter S. Bennett），乔治·戴茨格（George B. Dantzig），斯哥特·R·皮尔逊（Scott R. Pearson），罗伯特·O·科哈尼（Robert O. Keohane），罗伯特·帕肯海姆（Robert Packenham），艾尔伯特·菲什洛（Albert Fishlow），朱安·J·林兹（Juan J. Linz），马丁·舒毕克（Martin Shubik），雷蒙德·弗农（Raymond Vernon），马克·H·摩尔（Mark H. Moore）和查尔斯·E·林德布罗姆。

麦克尔·巴泽雷

目　录

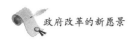

第 1 部分

设置议事日程

第1章
在官僚制范式之外

　　试想一下，要是政府日常运作的所有决策，包括雇用和解雇工作人员，都是在党派政治的基础上作出的，政府将如何开展工作；许多机构都在每个财政年度的前三个月用完整个财政年度的拨款；要是在没有对收支预算之前把预拨款发放给各个机构；要是政府机构的活动不受到任何有行政权的个人或机构的监督，情况将如何？

　　实际上，这就是19世纪美国政府所处的状态。这听起来有些混乱、落后，因为20世纪初改革家们在城市、州和联邦范围内成功地影响了他们的政治和管理。由于他们的影响，大部分人理所当然地认为：作出政府的决定应该像商业事务那样；行政部门应该按等级构成；大部分机构负责人应由行政主管任命；当行政主管向立法机关提交总预算的时候相应的拨款就应开始了；大部分职位应由合格人士担任；材料应当依照客观标准从合格的供应商那里购买，政府的财政管理责任机制应当是可靠的。[1]

　　美国在从一个农业性、高度地方性的社会转变成一个城市化、工业化和全国化的社会的过程中产生了一些社会问题。为了解决这些问题，有些政治运动倾向于建立一个上述官僚政府。[2]改革家们反复强调，为了能够有效地解决社会问题，人们应该像管理商业组织一样管理政府机构。正是人们管理商业组织的方法带来了工业转变。[3]对于支持改革和政府重组的美国人来说，官僚政治意味着高效，高效就意味着好的政府。[4]

　　倾向官僚政治的改革家们还高度重视应公正、不偏不倚地行使公共权力。为此，他们说政府官员作出意在控制别人的行为时应参考有关规定，而不应不经提议就采取行动。当无法完全依照有关规定时，应参考职业和专有技术。[5]在雇用工作人员和采购时，也应适用同样的原则。

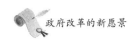

人们希望坚持应用这些体现着价值原则的普遍规定，能够使政府官员代表大众利益有效地工作，同时减弱在政治和政府中占统治地位的党派的力量。[6] 人们还希望在采购中坚持照有关规定办事可以减少政府运作的开支，也能达到上述政治目的。[7]

在 20 世纪初，高效和非个人管理的准则及其在政府实务中的规则，构成了一个带有强迫性的信仰体系。这一体系可被称作官僚改革思想。

 1.1 官僚范式的延续

当开始提交公共事务和行政预算、而且 1993 年的经济衰退带来一些新的尖锐的整体问题之后，官僚改革想法就失去了对选民的吸引力。作为一种公共管理的思想体系，官僚改革想法在经历了一些政治变化后保存了下来。这些政治变化有理想社会设想，里根主义和一系列包括系统分析、客观管理和零预算旨在改进政府的管理的措施。官僚制改革运动遗留下了一些根深蒂固的习惯思想。[8] 这些习惯思想和它们所构成的思想体系在本书中被称为官僚范式。[9]

在官僚制改革运动过去 100 年后的今天，为了探索官僚模式是否为公共管理提供了有益的指导，我们有必要弄清楚它所包含的主要观点。下面就是官僚模式中所包含的值得仔细研究的理论：

● 政府行政部门的职位应有明确的授权。只有按有关规定或接到上级部门明确指示，官员们才能行使他们的权力。管理部门的雇员应对他们的上级主管负责。

● 在行使权力时，官员们应始终如一地遵守规定和程序。如违反规定，应受到相应处罚。

● 负责实际事务的专家们如工程师、执法人员和社会服务工作者应在业务部门工作，而负责预算、会计、采购、人事和工作方法的专家们应该在集中化的行政部门办公。

● 财务部门的主要责任是编制行政预算，防止超支。采购部门的主要责任是较大程度地降低从私有部门采购商品和服务的采购价格、服务价格，并监督采购政策的执行。人事部门的主要责任包括把工作分类，对应聘者测试和职务任命。[10]

● 只要职能部门对业务部门的行政活动实行单向控制，管理部门就能确保整个政府行政的诚实、高效。

 1.2 对官僚范式的挑战

　　自从 20 世纪 30 年代以来官僚范式一直受到学者们的批评。有些人批评正式组织是高效和有效性的主要决定因素的看法[11]，有些人建议管理应该被看成是一个工作人员之间相互交流、共同工作的过程。[12]有人则批评在政府等级内实施单向权力并不能确保好的政府。[13]更多的人认为官僚模式内所提倡的经济与高效从概念上就是混乱的。[14]许多人建议预算人员应该分析政府项目的社会效益而不只是项目的开支[15]，还有人对业务部门跟着行政部门转的倾向提出了担忧，认为工作应以任务为中心，而不是为了应付规章制度的束缚。[16]一些学者还发现管理系统的运作方式与常识的矛盾。[17]上述观点已逐渐被公共管理领域的主流实践者和学者所接受。尽管如此，官僚模式的许多理论并未受到严重挑战。[18]

　　最近在实践中对官僚模式的最大概念性的挑战，就是政府组织应该是以用户为驱动并且应该是服务性的。公共部门主管一直在探索希望利用这些概念解决一个公共部门的日常运作问题，即把公共部门转变成更贴近客户，方便用户，有活力，有价值具有竞争力的服务提供者。考虑用户的利益和服务的质量有助于公共部门主管关注他们所负责的政府事务的运行情况。在分析这些概念如何在实际中运用后，关注客户和服务有助于公共部门主管为某些应注意的特定问题提供其他的解决方法。在很多情况下，这样产生的其他解决方法与官僚模式理论下得到的解决方法有很大不同。[19]

　　许多公职人员，敏锐地意识到这些理论资源在现代美国的作用，然后确认那些他们认为是他们客户的人，并利用战略性服务管理方法来改进他们的工作。[20]比如，美国征兵指挥部采用了一项极为复杂的策略来吸引他们的外在客户，即合格的美国青年来参军[21]。这一策略通过保证将来的就业、职业教育、即刻可以得到的收入、公平待遇和增强自尊、个性来满足那些外部客户的需求，从而满足内部客户对高质量工作人员的需求。这次征兵工作的主要服务理念（通过电视广告来扩大影响）是

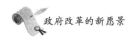

为外部客户作出上述的保证，从而满足特定军事部门的训练项目的人员需求。为了支持这一服务理念，军方策划了一种叫做"请求"的复杂的信息系统。该系统由被称为指导顾问的征兵专家操作，按客户的需求提供多年军籍、就业、培训、即付现金和其他福利。新兵自身的条件越好，提供给他的福利就越好。新兵自身条件可由一套标准化测试来判断。这一例子非常清楚地表明了政府组织在实施公共政策的过程中（在上面的情况下，就是为了能够有人志愿参军，并保证能够打赢战争的常备军队的庞大数量）如何把客户服务的方法应用到实际中。[22]

即使政府和个人之间的交易关系是非自愿的、是强制性的，也能采用战略性服务管理，例子之一就是税收。现在有一些税务部门把纳税人和纳税公司看作是自己的客户。另外有的税务部门把纳税并接受政府服务的人当作一个集体客户，同时把他们提供的服务看作一种较有成效地为人们提供履行纳税义务的方法。[23]税务机构还在操作上作了相应调整，如简化税单，使用简洁易懂的英语格式，对纳税人进行帮助，改善即时处理退税的能力，从而使人们纳税时更容易也更有主动性。这种管理税务机关的方法把服务管理的两个主要原则应用到了实际中。第一，客户参与服务提供的过程；第二，当客户明白政府希望他们怎样做，并且感觉到政府和服务提供者为满足他们的需求而做出适当的努力后，这种服务提供过程就会进行得更加顺利。

 ## 1.3　另一种理论的形成

这样，关于以用户为驱动力的服务组织的概念越来越被公共事务官员们所采纳，并用来解决问题。[24]讲得更宽泛一点，这一概念还为我们寻求替代官僚模式的其他理论提供了必要的资源。[25]这一理论的概要和它攻击官僚模式弱点的模式已经引起了人们的注意。下述成对的排列观点阐明了官僚模式和上述理论在修辞上的主要分歧：[26]

- 官僚机构关心自己要什么，自己怎么看，而以用户为驱动的机构关心的是用户的要求和看法。
- 官僚机构注重各个部分的角色和责任，而以用户为驱动的机构注重组织的整体工作。

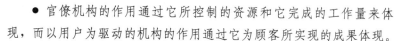

● 官僚机构的作用通过它所控制的资源和它完成的工作量来体现，而以用户为驱动的机构的作用通过它为顾客所实现的成果体现。

● 官僚机构只会控制费用，而以用户为驱动力的机构创造的价值要大于投入的成本。

● 官僚机构按惯例办事，而以用户为驱动力的机构根据对服务需求的变化改变自己的工作。

● 官僚机构为权力而竞争，而以用户为驱动力的机构为工作竞争。

9

● 官僚机构坚持依照标准程序办事，而以用户为驱动力的机构做每件事都有明确的目的，同时留给别人选择的余地。

● 官僚机构公布政策和计划，而以用户为驱动力的机构在制定和修改其工作策略时与客户进行双向交流。

● 官僚机构把理论与实际分开，而以用户为驱动力的机构授权前台服务人员对如何改进客户服务作出判断。[27]

上述语言已经开始被使用，这一事实表明，一种可以替代官僚模式的新的理论已经诞生了。这种理论是建立在前一时期实践和理论基础上的。这种理论已经成形并被广泛接受。人们在诊断公共领域的运行问题并找出解决方法时可能参考它，现在时机已经成熟，因此应该给这一理论下一个准确定义：突破官僚制。[28]

为了描述后官僚制的范式特点，本书在两个层次上对官僚范式和后官僚范式进行了一系列对比。总体来看，对比了它们各自关于如何管理政府工作程序、如何进行控制、公共事务人员应该着重关心的事务等问题的看法，在具体方面，对比了两种范式关于集中的人事部门、业务部门和主管们之间的关系等问题的看法。[29]

1.4　聚焦人事部门

行政部门、一线部门和监督人员之间的关系应引起我们足够的注意，因为他们原来的模式成为进行客户—服务方法试验的最大障碍。行政部门对政府工作管理影响非常大，因为主管人员给予行政部门控制业务部门工作所需的物资权力：资金、劳动力、信息系统、数据、办公空间、

10

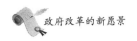

材料、设备、培训和外出等事务。人事部门根据法律法规来行使他们的权力，而这些法律法规会对政府管理产生怎样的影响事先很少经过系统的分析。而且，行政部门常常对业务部门的请求缺乏配合。[30]要是行政部门的做事方法不加改革，它们就极有可能成为实践后官僚模式的瓶颈。第2章将阐述分析这一问题。

我们在前言中提到过，在1983—1990年，明尼苏达州政府就出现了这一瓶颈，《政府改革的新愿景》为我们提供了消除这一瓶颈的范例。

起初由于人们对变革的抵制，这一努力几乎遭到失败。许多行政部门工作人员对他们应该对业务部门的要求及时作出响应感到吃惊。采购部门主管坚持说如果要求他的部门对业务部门有求必应的话，他们就会去买卡迪拉克，而不是雪佛莱。人事部门的专家认为如果他们的部门变得更贴近业务部门需求的话，那么原来靠"准则"建立起来的体系就难以为继了，也就无法保证量才录用、机会均等。信息部门主管担心业务部门不能具备有效管理信息资源的能力。

这些担心反映了一种组织文化，这些有这样担心的人们为这个机构工作了大半辈子了。他们已经完全接受了政府管理应是不含感情色彩的，政府应讲究经济性、高效性等观点。同时也接受了改革家们的想法，即如果中央机构不严加控制，业务部门工作人员就不能很好地为公众利益服务。对他们来说，让机构去贴近需求意味着要他们放弃自己的使命。

为了进行机构改革，行政部的官员使用了上述许多概念。[31]起初，当我们问谁是他们的客户时，大部分主管露出不解的神情。一位当时管理机构服务助理官员说："他们会觉得这个问题很有意思，但是以前谁也不曾想到过。[32]客户这个词从来不会在他们的工作中用到。"[33]

要是你坚持要求他们回答的话，搞行政事务的职员通常会说全体人民都是他们的客户。官员们对这一回答并不满意。他们清楚，人们对业务部门的低质量的服务、不断上升的费用以及一些不利于生产的规定非常不满，同时一些立法者也被告知他们对业务部门的监控并不十分有效。因此，行政部的官员们坚持认为每个人事部门都应弄清楚业务部门和监督人员是不是他们的客户。

内政服务部门，比如说中央汽车和办公储备部门的主管和工作人员，一直认为他们在为用户提供服务。他们愿意把用户在概念上看作顾客，但拒绝承认他们是自己应该为之负责的客户。对一些进行监督控制的部门来说，客户的概念会带来一些问题。他们的目的不是满足客户的需要。

11

实际上，这些领域的一些工作人员说他们的目的是进行控制。但是，行政部的官员们说，控制行为的目的是满足官员和立法机构分析管理政策与全国标准的统一，帮助监督人员使一线部门对他们运行情况直接负责的一些信息的需要。他们说监督人员是控制活动的客户，就像一线部门是服务活动的客户一样。

官员们对使用客户概念越来越有信心。他们坚持说人事人员应该明白他们的客户是谁。他们说每个人事部门人员的主要任务就是满足客户的需求。他们使人事人员明白他们的客户需要怎样的高品质服务。同时，他们必须解释人事人员为什么要对作为他们客户的直线部门或监督人员负责。

工作人员越了解官员们提出的观点就越会坚持它们。一位主管回忆 *12* 说他曾经有两年时间认为提出新论点的官员疯了，但有一天他突然认识到那位官员是正确的。[34]其他许多人也有同感。让理解并同意这种新的思考和工作方式的人担任中层领导职务有助于人们接受这种新观点[35]，其他因素也有助于人们接受它，比如建立组织上和技术上的支持使人事人员能够满足客户的需求。

注　释

[1] William F. Willoughby, *The Movement for Budgetary Reform in the States* (New York: D. Appleton, 1918); Leonard D. White, *Trends in Public Administration* (New York: McGraw-Hill, 1933); Lloyd M. Short and Carl W. Tiller, *The Minnesota Commission on Administration and Finance*, 1925-1939: *An Administrative History* (Minneapolis: University of Minnesota Press, 1942); Fritz Morstein Marx, ed., *Elements of Public Administration*, 2d ed. (Englewood Cliffs, N. J.: Prentice-Hall, 1959); Barry Dean Karl, *Executive Reorganization and Reform in the New Deal* (Cambridge, Mass.: Harvard University Press, 1963); Aaron Wildavsky, *The New Politics of the Budgetary Process* (Glenview, Ill.: Scott, Foresman, 1988), 53-63.

[2] Stephen Skowronek, *Building a New American State*: *The Expansion of National Administrative Capacities*, 1877-1920 (Cambridge, England: Cambridge University Press, 1982).

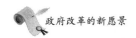

[3] See, generally, Jack H. Knott and Gary J. Miller, *Reforming Bureaucracy: The Politics of Institutional Choice* (Englewood Cliffs, N. J. : Prentice-Hall, 1987), and Robert B. Reich, *The Next American Frontier* (New York: Times Books, 1983). 根据耶鲁的社会学家 Charles Perrow 在 "A Society of Organizations," *Estudios del Instituto Juan March de Estudios e Investigaciones* (Madrid) (October 1990) 33 页所说的："各类组织的奠基人,和那些历史悠久的组织中的改革家,掌握着工业组织的象征——工厂——基本上是当时最重要的社会革新。"

[4] 历史学家 Barry Dean Karl 在 *Executive Reorganization and Reform* 一书的第 182~183 页中曾指出,这些运动的信仰和行为(和某些新政拥护者一样)是"工业主义和国家主义所造成的后果,中央集权的主要价值强调效率的提高,这种价值追求总是被看作导致城市人口增长和工业混乱的原因。但是,效率和国家意图是一致的。若缺乏指导和控制人们的努力成果将付之东流这种观点……会增加人们对效率、领导能力和计划的关心。"

[5] 在 Jerry L. Mashaw 的 *Bureaucratic Justice: Managing Social Security Disability Claims* (New Haven, Conn. : Yale Uni-versity Press, 1983) 一书中,包含了当代关于本见解的精彩表述。要从社会学和历史学的角度讨论客观行政的概念,请参阅 Charles Perrow, *Complex Organizations: A Critical Essay*, 3d ed. (New York: Random House, 1986), 1-29.

[6] See Woodrow Wilson, "The Study of Public Administration," *Political Science Quarterly* (June 1887): 197-202. See also Skowronek, *Building a New American State*, 47-84.

[7] See Steven Kelman, *Procurement and Public Management: The Fear of Discretion and the Quality of Government Performance* (Washington, D. C. : American Enterprise Institute, 1990), 11-15.

[8] 其他遗留下来的主要是一些制度上的设计包括等级制行政部门、人事机构以及组织惯例。这些安排、机构和惯例,已经成了政府工作人员头脑中的特定习惯。

[9] 在这里,"范式"的定义是:"与某种特定事实相联系的感觉、思考、评论和处理的基本方法。这种范式通常不会被直接阐述出来:毫无疑问它是存在的,并成为一种默契。这种默契通过文化在几代人中靠直接经验来传递,而不是通过教授。"以上出自 Willis Harmon, *An Incomplete Guide to the Future* (New York: Norton, 1970). Joel Arthur Barker 在 *Discovering the Future: The Business of Paradigms* (ST. Pual, Minn: ILI Press, 1985) 一书中第 13~14 页引用了这些话。在公共行政著作中,也能找到同样的措辞:Yvonna S. Lincoln 在其 *Organizational Theory and Inquiry: The Paradigm Revolution* (Beverly Hills,

Calf：Sage，1985）一书的导言中谈到："在所有的特定时间内，我们每个人都生活在某些范式中……正因为它是合乎时宜的，所以每天我们每个人都要从各种范式中进进出出，而很少想办法巩固它们的信心和价值系统。"在 *Structure of Scientific Revolutions* （Thomas S. Kuhn，Chicago：University of Chicago Press，1962）一书出版之后，"范式"这个词就开始在自然科学和社会科学领域中使用了。

[10] 请参阅政府研究协会的 "A Proposal for a National Service of General Administration"（Washington，D. C.，1929）. 又见 Short and Tiller，*Minnesota Commission on Administration and Finance*. 及 Karl，*Executive Reorganization and Reform* 中对行政管理的讨论（195~210 页）。

[11] 有关这类著作的概要，请参阅 Perrow，*Complex Organizations*，62-118.

[12] Mary Parker Follett，"The Process of Control," in *Papers on the Science of Administration*，ed. L. Gulick and L. Urwick（New York：Institute of Public Administration，1937），161-169.

[13] Charles E. Lindblom，"Bargaining：The Hidden Hand of Government (1955)," chap. 7 in *Democracy and Market System*（Oslo：Norwegian University Press，1988），139-170；Charles E. Lindblorn and David Braybrooke，*The Strategy of Decision*（New York：Free Press，1963）；Charles E. Lindblom，*The Intelligence of Democracy*（New York：Free Press，1965）. Martin Landau 在 *Public Administration Review*（July-August 1969）：346-358 发表的 "Redundancy, Rationality, and the Problem of Duplication and Overlap," 一文中，对此提出了相应的批评。

[14] Herbert A. Simon，*Administrative Behavior*，3d ed. （New York：Free Press，1976），61-78；Herbert A. Simon，Donald W. Smithburg，and Victor A. Thompson，*Public Administration*（New York：Knopf，1950）；Robert A. Dahl and Charles E. Lindblom，Politics，*Economics，and Welfare*（New York：Harper Brothers，1953）；Karl，*Executive Reorganization and Reform*，224-226；and James Q. Wilson，*Bureaucracy：What Government Agencies Do and Why They Do It*（New York：Basic Books，1989），315-332.

[15] See，for example，Guy Black，*The Application of Systems Analysis to Government Operations*（New York：Praeger，1968）；Robert Haveman，ed.，*Public Expenditures and Policy Analysis*，3d ed. （Boston：Houghton Mifflin，1983）；Ida R. Hoos，*Systems Analysis in Public Policy：A Critique*，rev. ed. （Berkeley：University of California Press，1983）.

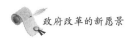

［16］Wilson，*Bureaucracy*，113-136.

［17］Kelman，*Procurement and Public Management*，52.

［18］政治和公共行政，是不同领域的社会行为。该信念是官僚制改革的中心点。数十年来，这个看法不断受到学究和教育家们的批判。Wilson 在 *Bureaucracy* 一书的 241 页曾经说过："政治学家们永远不会忘记在上课的第一天提醒他们的学生，在政治和行政之间没有明确的界限。"我们假设这种教导在各地都有一定的影响，并得到广泛的关注。官僚制范式所要求的，在政治/行政二分法中的行政成分中实体行政和制度行政的分离，没有得到广泛的重视和仔细的研究。

［19］严格来讲，在公营部门，顾客和服务的概念是一个典型的结构化的表征。将表征的结构性新概念引入到现存的概念系统中，会对人们推论的方式产生影响。根据 George Lakoff and Mark Johnson 在 *Metaphors We Live By*（Chicago：University of ChicagoPress，1980）中 145 页所指出的："新的表征有能力创造一个新的现实。当我们依据表征来理解我们经验的时候，这种情况就会发生。当我们按照它来处理事情的时候，它就会成为更深层次的现实。当一个新的表征，进入到我们处理事情所依赖的概念系统之中时，它会改变这一概念系统，并改变该系统带来的感性认识和作用。新表征概念的引入及旧概念的抛弃，导致了许多文化方面的变化。例如，遍及全球的文化欧美化，在某种程度上来说，就是将'时间就是金钱'这个表征引入到那些文化中。"

［20］顾客服务成为一个吸引人的概念的原因，主要包括以下几点：该服务以国家主导部门的形式出现，社会风气使各种组织的私有化改变经常成为可能，对社会协调的市场导向组织的重新评价，技术革新（特别是信息系统的革新），管理办公室、预算部门以及官方秘书处的官方指示，以及足够的培训资金。这个表可以被扩展。正在进行中的运动的社会史和知识史，还未被写入史册。

［21］See the John F. Kennedy School of Government case study "The Army and REQUEST," by Steven Kelman.

［22］该例子的要点，并非是取缔了以顾客为中心的官僚制方法，就能使政府的工作效率得到提高，而是指出使用客户途径，可能会改变政府机构的做法，从而改变政府工作的效果。衡量这种变化了的效果是否是一种进步，需要一个判断行为和一个预期的目的。作为一个经验主义的问题，军队大体上是根据一个请求是否合意来进行判断和批准的。

［23］马萨诸塞州选择了第一种途径［Massachusetts Department of Revenue，*Annual Reports*（Boston，1983-1984）］，而明尼苏达州选择了第二种途径（见"A Strategy for the 1990s," n. p.，n. d.，St. Paul，Minn).

［24］See Ron Zemke, "Putting Service Back into Public Service," *Training*

(November 1989)：42－49, on improvements in motor vehicle licensing and registration services. See Mary Faulk, "Customer Service and Other Unbureaucratic Notions" (Olympia：Department of Licensing, State of Washington, n. d. , Mimeographed). The John F. Kennedy School of Government case study "Middlesex County Jury System," C16－86－656, 是另一个例证。

[25] 有关官僚制范式更普通版本的学术批评, 可以在 Perrow 的 Complex *Organizations*, Gareth Morgan, *Images of Organization* (Beverly Hills, Calif. ：Sage, 1986), and Wilson, *Bureaucracy* 中找到。这些卓越的组织理论家, 并不用该服务方法来批判那些理论或官僚制实践。我们的工作, 是综合那些商业学校的学究和顾问们所写的顾客服务概念系统。其中包括：Theodore Levitt, "The Industrialization of Service," *Harvard Business Review* (September-October 1976)：63－74；Richard B. Chase, "Where Does the Customer Fit in a Service Operation?" *Harvard Business Review* (November-December 1978)：137－142；Thomas J. Peters and Robert H. Waterman, Jr. , *In Search of Excellence：Lessons from America's Best-Run Companies* (New York：Warner, 1982)；Geoffrey M. Bellman, *The Quest for Staff Leadership* (Glenview, Ill. ：Scott, Foresman, 1986)；James L. Heskett, *Managing in the Service Economy* (Boston：Harvard Business School Press, 1986)；James L. Heskett, "Lessons in the Service Sector," *Harvard Business Review* (March-April 1987)：118－126；Karl Albrecht, *At America's Service* (Homewood, Ill. ：Dow Jones-Irwin, 1988)；Christian Grφnroos, "The Relationship Approach to Marketing in Service Contexts：The Marketing and Organizational Behavior Interface," *Journal of Business Research* 20 (1990)：3－11；William R. George, "Internal Marketing and Organizational Behavior：A Partnership in Developing Customer-Conscious Employees at Every Level," *Journal of Business Research* 20 (1990)：63－70；Christian Grφnroos, *Service Management and Marketing：Managing the Moment of Truth in Service Competition* (Lexington, Mass. ：Lexington Books, 1990)；David E. Bowen, Richard B. Chase, Thomas G. Cummings, and Associates, *Service Management Effectiveness* (San Francisco：Jossey-Bass, 1990)；and James L. Heskett, W. Earl Sasser, Jr. , and Christopher W. L. Hart, *Service Breakthroughs* (New York：Free Press, 1990). The public sector literature on service management includes Charles C. Goodsell, ed. , *The Public Encounter：Where State and Citizens Meet* (Bloomington：Indiana University Press, 1981).

[26] 术语 "修辞" 并没有贬义的意思。正相反, 修辞是一个调动概念资源和证据的有价值的方法。参见 Giandomenico Majone, *Evidence, Argument, and*

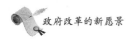

Persuasion in the Policy Process (New Haven, Conn.: Yale University Press, 1989). See also Alasdair Roberts, "The Rhetorical Problems of the Manager," paper presented at the Annual Research Conference of the Association for Public Policy Analysis and Management, San Francisco, October 1990.

[27] 客户服务这一修辞在政府组织的任务和预算的措辞中已经是随处可见了。例如，U. S. General Services Administration, "1991 Strategic Plan" (Washington, D. C., 1990). 它同样也成了公共管理者文章中的老生常谈，例如经济合作和发展组织的 Organization for Economic Cooperation and Development, *Administration as Service: The Public as Client* (Paris, 1987); Zemke, "Putting Service Back into Public Service"; Steven Kelman, "The Renewal of the Public Sector," *American Prospect* (Summer 1990): 51-57; David Osborne, "Ten Ways to Turn D. C. Around," *Washington Post Magazine*, December 9, 1990, pp. 19-42; Barbara Bordelon and Elizabeth Clemmer, "Customer Service, Partnership, Leadership: Three Strategies That Work," *GAO Journal* (Winter 1990-1991): 36-43; Monte Ollenburger and Jeff Thompson, "A Strategy for Service?" *Public Management* (April 1990): 21-23; George D. Wagenheim and John H. Reurink, "Customer Service in Public Administration," *Public Administration Review* (May-June 1991): 263-270; Tom Glenn, "The Formula for Success in TQM," *Bureaucrat* (Spring 1991): 17-20; and Joseph Sensenbrenner, "Quality Comes to City Hall," *Harvard Business Review* (March-April 1991): 64-75. 公共管理专业协会正在把这些想法灌输给其成员，并设法引起他们的重视。例如，在 1990 年美国公共管理社团的全国性会议中发表的，并在 1990 年秋季由 *The Bureaucrat*. 出版发行的那些论文。此外，执行者教育计划也开始增加了对客户和服务概念的使用。See Michael Barzelay and Linda Kaboolian, "Structural Metaphors and Public Management Education," *Journal of Policy Analysis and Management* (Fall 1990): 599-610.

[28] 在承担这个任务的时候，最好牢记许多年前法律理论家 Karl N. Llewellyn 的两个观点：第一，"把不合常规和不熟悉的东西送给一个收件人，并且努力向收件人解释这些东西以使收件人收下这些东西，是一件困难的事情……这我们都知道，为了达到目的我们会努力游说，选择并组织好我们的用词。只有这样他们才有可能成为真正的邮递员。"第二，"世上没有万能药。"以上出自 *The Common Law Tradition: Deciding Appeals* (Boston: Little, Brown, 1960), 401-403.

[29] 后官僚制范式的概念在 Michael Barzelay and Babak J. Armajani, "Managing State Government Operations: Changing Visions of Staff Agencies," *Jour-*

nal of Policy Analysis and Management (Summer 1990)：307～338 页中有介绍。
术语"后官僚制"在私营部门管理丛书的回顾中也曾出现过：例如 Charles
Heckscher, "Can Business Beat Bureaucracy?" *American Prospect* (Spring 1991)：
114-128. 选择这个术语的原因和选择术语"后工业社会"是一样的。此外，服
务范式不是一个恰当的表示，原因是我们在新范式中为责任和控制创建了一个新
概念，而且我们希望发展顾客导向和在政府中引入类似市场的处理方法这两个经
常混淆的概念，有一个明显的区别。

[30] Gordon Chase and Elizabeth C. Reveal, *How to Manage in the Public
Sector* (Reading, Mass. ：Addison-Wesley, 1983) 的 73 页提出："高高在上的那些
机构使用各种手段，阻止公共管理者和维护者控制金钱和人民。"

[31] 鼓励行政长官们使用顾客概念的作品有：Peter F. Drucker, *Manage-
ment：Tasks, Responsibilities, Practices* (New York：Harper & Row, 1973)；and
Peters and Waterman, *In Search of Excellence*.

[32] Babak J. Armajani, assistant commissioner, as quoted in "Introducing
Marketplace Dynamics in Minnesota State Government," C16 - 88 - 826, John
F. Kennedy School of Government, 3.

[33] 在这本书中，术语"决策者"和"管理者"的用法和它们在 *Wilson* 的
Bureaucracy 中的用法是相同的。"雇员"与 Wilson 的"操作者"相同。术语
"决策者"指的是专员、副专员、专员助理。"管理者"或者是购买部门的领导，
或者是听取其汇报的物资管理部门的领导。在某些环境中，"雇员"包括以上三
部分。

[34] 1988 年 2 月在 St. Paul, Minnesota 采访 James Kinzie 时，提到了他 1986
年的思想转变。Kinzie 于 1969 年开始了他集中采购的事业。1986 年的管理副专
员是 Babak Armajani。这次采访为这一主张提供了证据，即发生在像 Kinzie 一样
的人们身上的认知转变相当于是一种范式的转变。有关范式转变的心理学著作，
请参阅 Barker, *Discovering the Future*, 34-39。（我们不同意巴贝克关于引起以
范式转变为特征的显著的认知转变的思想和行为是完全不理性的这一看法）。

[35] James P. Kinzie, "From Economy and Efficiency to Creating Value：The
Central Purchasing Function," paper presented at the Conference on Managing
State Government Operations：Changing Visions of Staff Agencies, John
F. Kennedy School of Government, Harvard University, June 19-20, 1989, p. 9；
John Haggerty, "From Control-thru Chaos-to Customer Service," paper prepared
for the Conference on Managing State Government Operations：Changing Visions of
Staff Agencies, John F. Kennedy School of Government, Harvard University,
June 1920, 1989, pp. 7 - 8；Elaine Johnson, Joe Kurcinka, and Julie Vikmanis,

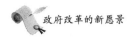

"From Personnel Administration to Human Resource Management: Changing Visions of the Central Staffing Function," paper presented at the Conference on Managing State Government Operations: Changing Visions of Staff Agencies, John F. Kennedy School of Government, Harvard University, June 19 – 20, 1989, pp. 19-20.

在倡导官僚制改革时，20 世纪早期的一些政治家，比如明尼苏达州　*13*
的历任州长 A. O. 埃伯哈特（A. O. Eberhart）、西奥多·克里斯蒂森
(Theodore Christianson) 以及哈罗德·斯塔生（Harold Stassen）认为为
了让州政府服务于公众利益，结构重组、预算和公务员改革是必不可少
的，他们为结构重组辩护时所用的言辞都是旨在激起公众的义愤。他们
讲的故事里头总是充斥着负面人物。[1]与重组和改革这样的高层政治不
同，80 年代明尼苏达州的行政机构与业务部门以及监督部门之间关系的
改革则多为平和地解决问题。经常出现的不满和愤怒表现确实给人这样
的印象，也就是要非打破官僚制不可。[2]

2.1　行政/业务部门之间的日常问题

一切正常，却全乱了套

● 为学校采购电脑

20 世纪 80 年代中期，个人电脑对商界产生了极大影响。为了满足熟
练的电脑操作者的需求，同时也为了吸引更多的生源，诺曼底尔社区学
院打算举办一个手把手教学的电脑培训计划。计划将于秋季开始电脑课
程并在秋季招生简章中作了推广。到 1 月份，也就是开学前 9 个月，诺
曼底尔学院要求中央采购部门为其实验室采购 50 台个人电脑。但是，到
了只剩两周就要开学的时候，电脑还是一台也没有到位。

为了推动此事，学院的指导老师督促主管州里社区教育系统的州长　*14*
来过问此事。州长召集来了政府副长官——同时他也是采购事宜的监督

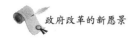

者——想要知道为什么计算机还是没有到位。而这位负责采办事宜的人士则回答说："我们州今年打算购买好几百台个人电脑。如果可以一次购买的话，价格就可以便宜一些。所以，我们将该学院要求购买计算机的请求还有其他一些类似的要求先停了下来，以备在价格最合适的时候一并购买。而这也正是中央采购的目的所在。"[3] 在现行的采购体系中，到此地步，任何人也是束手无策的。而诺曼底尔学院由于缺乏必要的设备，只得取消原定的计算机课程。

● 打字机

商业部的一位主要官员认为现在到了该把手动的打字机更换为电子打字机的时候了。该部门中的打字员们一致建议购买 IBM 的 Selectrics 打字机。因为它有着良好的维修记录，而且易于修改，这些都有助于提高打字员的工作效率。因此，他们向中央采购部的官员们提出了申请。而按照规定，采购人员要写一下大致的规格要求。最后，由出价最低的供应商取得供应权。结果采购到的是一种类型截然不同的另一品牌的打字机——爱德勒打字机。在仅仅六个月之内，商业部的人员就纷纷抱怨说这种打字机问题太多：它经常需要维修，很难找到与之相匹配的色带，更严重的是，很多打字员宁肯用手动打字机也不愿用它。部门负责人提议放弃爱德勒打字机，而改为重新买进 IBM 打字机。[4] 而主管商业的州长官则表示，只有当中央采购部门同意此举时，他才会对此予以支持。[5]

15
● 特殊的科学仪器

同样的情况也发生在了卫生部身上。他们想要购买一种产自德国的精密的技术设备——一种特定品牌的显微镜。而最后到手的则是一种功能不佳的美国设备。"购买美国货"并不适用于此情况，尽管一些人小心翼翼地装作似乎如此。到了现在，这个显微镜还是放在卫生部的储藏柜中，仅仅成了一个摆设。

● 红鲱鱼

两条鲸鱼是明尼苏达州动物园最吸引游人的动物。它们以各种种类的鲱鱼为食。为了所谓的为纳税人和动物园方面节省金钱的目的，由中央采购部的一名采购员以更低廉的价格买了另一种类的鲱鱼。而见到这些替代品时，动物园的饲养员们大吃一惊：这种鲱鱼是有毒的。最终，人们只得马上用更高的价格又重新购买了一批鲱鱼。

● 黑色笔

一天，行政部门的一位主管办公用品供应的官员在其办公室内大声咒骂。一位同事问他为何这么生气，他答道为了书写一份仅有两段的备忘录，竟然一共用了六支黑色笔。而此备忘录恰恰就是关于对办公用笔质量不满的。

● 让计划运作起来

在 1984 年，立法委员会上决定拨款给经济贸易发展部。同时，为一项新计划提供若干职位。尽管立法委员们对此的期望值颇高，同时这也是马克·戴通（Mark Dayton）长官优先考虑的一个问题，但在随后进行的立法委员会上却一直进展缓慢，其原因就在于：雇员关系（DO-ER）——也就是负责公众服务系统以及处理人力资源关系的政府机构——还未就新被授权的职位进行分类，而候选人员的录用及考核必须在职位分类之后才能进行。在听说了该计划将要推迟的消息之后，立法委员会要求分支机构的负责人作出解释。关注的焦点从而聚集在了雇员关系部的身上。但是，其负责人却坚称他们是按照正常的手续来进行的，而愤怒的立法委员们也不知究竟该去责备谁。

● 耐心等待系统运作起来

在 80 年代早期，一般需要用平均 90 天的时间来进行职位分类，60 天的时间进行考试，45 天的时间来对上个月的工作作出总结，90 天的时间来对供应商的商品提出要求，60 天的时间去完成一项简单的室内打字任务，一年多的时间来分配汽车调度场的用车，60 天或是更多的时间付款给供应商，而安装电器插头需要耗费四个月，购买复印机需要五六个月到一年，甚至连吸尘也要用上 30 天的时间。

● 按计划花钱

对于明尼苏达州以及其他地方的各分支机构来说，在预算的执行过程当中，往往要用完所有的拨款。即使在某些情况下，它们在该年度内可以更有效地利用这些钱。所有预算体系采取的刺激因素也都鼓励花掉而不是节约资金。首先，政府雇员把拨款数目的增加看作是衡量各机构成功与否的一个主要尺度。其次，未用完的拨款会被取消，因此不可以被顺延到来年使用。再次，监督部门通常会对那些节约的机构进行鼓励，而"鼓励"就表现在缩减以后的拨款。对这一状况——也就是更多地关注如何花掉拨款而不是考虑怎样去创造净价值——很多参谋机构官员都感到十分痛惜。那些曾在公众政策分析，尤其是商业和教育方面任职的人士犹为如此。但是，由于一些熟谙政界官僚制的老手告诫他们，这种状况应当归咎于政府开支和会计上的政治经济，他们也就不以此为异了。

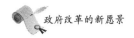

● 有感染力的一般基金应用心理

行政部门的主要官员也很警觉地发现，他们部门中一般服务机构的官员也更多地关注该怎么开支而不是如何创造价值，虽然他们并不像由拨款扶持的计划执行人那样，把刺激因素用于扶持一般服务活动的方式，即通常所说的循环基金，也就是说他们通过向其他机构提供服务来积累财富。并且与政府现金交易不同的是，他们采取账面方式来进行交易，如果这种内部往来的活动通过节约而积累了除开支之外的一笔财富，那么"节省"下来的钱就作为盈利记入账目，同时可供来年使用。而由财政部加以改进的一般基金心理则表明使用循环基金，只有在其负责人打破收支平衡之后才可谓成功。[6] 如果一项内部服务产生利润的话，一个委员会的成员就要碰一下头，以决定该如何加大开支以便在当年内打破收支平衡，而不会考虑是否该减少让分支机构为所接受的服务支付的费用或是在其回收率的基础上的开支。在 80 年代的一些官员看来，内部服务活动不过是政府内部的一些生意往来，而不是一种商业活动。

● 冻结：这是命令！

1983 年，鲁迪·勃彼奇（Rudy Perpich）州长上任不久就签署了一项命令，要求对雇用人员、购买设备、政府雇员和技术人员外出旅游以及签署技术合同等行为予以冻结。这一行动也是他对于短期财政亏空和那些认为政府过于铺张浪费的公众所作出的反应，这一冻结令要求中央机构——财政部门、行政部门和雇员关系部门——给那些除此之外的行政命令以优先权。同时，它要求各部门长官对一些特殊情况首先要进行审查，然后再向上级呈交一份备忘录。

18　　　　在此冻结令出台之后不过短短几个小时之内，州主机构和各分支机构就预备开战。主机构开始着手制定用以加强冻结令的各项规定、手续和指导方针；而各分支机构的负责人则要求列出可以当作紧急情况而打破行政命令的事件范围以及应对之策。同时，还有相当一部分人打算不顾冻结令来规划如何实现其目的。很多负责人需要马上节约资金，但却由于缺乏在解决问题时发挥其主动性的机会而不愿付诸实行。他们仔细审阅在第一回合中支持冻结令的人员所作出的备忘录，看看是否有什么漏洞存在。然后他们立刻呈交一些评估报告给部门长官，随后是主机构长官。

为了应对首批要求将其列为冻结令的例外的情况的请求，主机构中的实施者们又制定了一些附加的规定。随后越来越多的备忘录被分发到了想要找出新办法来对冻结令提出挑战的各计划的负责人手中。虽然有一些相反的告诫，但是在执行此命令后几个星期之内，就收到了成千上万要求予以豁免的请求，政府官员及各机构负责人被卷入了涉及面其广的官僚冲突之中，而不是致力于产生对公众有利的结果方面。

● **碰壁**

在一次关于国家资源部过度使用办公空间的立法听证会上，一位愤怒的州参议员如是向政府领导要求得到解释："我们每年只有六个月的时间来参加会议，而您则是终日待在这里。我们希望您能对其他的机构予以监督，以确保它们按照我们所制定出来的各项准则行事。州长先生，您下回再来这里的时候，我想要知道您究竟碰了多少壁。"[7]

每一年，州主机构都要解决业务部门所碰到的各种各样的问题。一般来说，监督部门无法同各个分支机构之间就彼此所关心的问题进行沟通。分支机构时常逃避修正错误的责任，并且抵制主机构想要进行变革所作出的努力。有时候，主机构的官员感到他们是在牵着别人走。

传统上让主机构对各分支机构的行政决定负责任的做法，在主机构的各个单位的文化中产生了很大的影响。一些经常性的服务活动也不例外。当时的负责汽车调度场的助理长官回忆道：

> 我听到许多对汽车调度中心服务的抱怨之词，并就这个问题同其负责人进行了讨论。我向他解释说该项服务十分重要。我们的客户的要求理应得到满足。汽车调度场的负责人对此完全同意。然后他又讲了一个故事，说有一个人在还车的时候，车里塞满了他从麦当劳带回的各种包装。他是如何处理这件事情的呢？"我把车子彻底整理了一下，把这些废物放在了一个盒子里，寄回给那个把汽车搞得一团糟的人，然后告诉他这不是对待政府的车辆所应有的方式。"[8]

在这位助理长官的头脑中，这种让人把为政府车辆寻求公正看得比对其他政府雇员以礼相待还重要的做法，存在着根本上的错误。

事件的要点

那些有着在政府部门工作经历的人可以马上列出其自身的经历来说明，这种惯常的主机构同分支机构和监督部门三者之间的关系经常产生一些不令人满意的结果。[9]美国人通常用"没有效率"来形容这种结

果——这也正是官僚主义改革者所常用的一个词汇——或者干脆是用更加形象的语言例如"厌恶"、"生气"或是"愤怒"来形容。为了给上述情况下个定义并且予以形象化的说明，抽象的如"没有效率"这一概念显得太过迟钝，而这些形象的词汇则比较适合。现存的不令人满意的主机构同分支机构和监督部门三者之间的关系应做分类，简要总结如下：

20
● 各分支机构客户——通常是普通市民——的要求得不到满足，他们在立法上的期望也无从实现。这一结果可以从两个事例中得到印证：一是诺曼底尔学院计算机课程的取消——这使得学生原本打算上计算机课程的计划落空；另外一个就是让新的贸易和经济发展部的计划得以实施过程中出现的拖延状况——这使得那些为该计划的客户利益说话的立法委员们极为愤怒。

● 政府提供服务索要的价格过高。这一结果的出现是由于中央采购部门所选择的材料和设备不符合各分支机构的要求：例如商业部，秘书所得到的爱德勒打字机无法使用，美国本土制造的显微镜不能完成卫生部的高技术要求，为鲸鱼买的鲱鱼无法食用。在上述各例中，中央采购部门成功地降低了各单位的输入成本，但却同时提高了商业部、卫生部和动物园的输出成本价格。同时，这种结果还会表现在不必要的输入成本之上，中央数据处理即为一例。这种输入成本是各分支机构从使用一般基金的服务活动中得出的。此外，在州长的冻结令中，各个分支机构的负责人也经常无法对一些机会采取行动，例如他们认为既会降低单位服务价格同时又会减少年度开支的活动。

● **对管理程序和公众服务的不满日益扩展**
监督人士担心，即使是他们通过向各个分支机构提供例如实行冻结或是改变拨款的水平等办法令其负责，这些强大的方式恐怕也不能完成任务。一怒之下，他们要求主机构必须告诫一下各分支机构的负责人和
21 雇员，他们惯于从主机构所制订出的规章制度中寻找漏洞，并通过诸如在中心调度场提供的政府用车中乱丢垃圾等方式向中央服务供应商提出挑战。一般的常识表明，在这一体系中，不论是州际长官还是立法委员，不论是业务部门的领导还是服务于公众的第一线员工，其工作都无法令自己满意，更不用说让其他人感到满意了。政治家们的风纪和一般的雇员都是一样的随意。服务质量和成本使用对效率的侵害以及政府机构中的骄傲都不会遥远了。

2.2　一再出现的麻烦是问题还是现实

对于上文所提及的一些问题，一位普通的市民或者是一名被选举出来的官员可能的反应是摇摇头，评价说那些政府的工作人员一定是拙劣的，再对政府和官僚制的本质表示失望，称整个现实情况不容乐观，最后则是表达一下他们对于诸如犯罪、失业以及下滑的 SAT 指数这些"真正的"问题的关心。当出现这种反应时，上文所描绘的不令人满意的状况并没有被视为需要解决的问题，而成了可以忍受的社会现实，就像老龄化、失业以及大陆漂移一样。

为了给某种情况下一个是问题还是现实的定义，人们必须首先判定它是否以及如何能够得以提高和改善。[10]在任何时候，如果是对某一状况是否及如何去做存在着不确定的话，就很有必要作出这究竟是问题还是现实的判断了。[11]除了可能出现的攻击者之外，任何人所作出的判断都可能受到其他人就同一状况或者是相类似的情况所作出的结论的影响。[12]一些结论十分简单，而另一些结论就要复杂得多。一些结论是从事实中得出的，而另一些则不然。[13]一些结论可能提出了某种新的思路，而另一些则可能有混淆思维的效果。[14]一些结论试图说服人们把一些状况看作是问题（回想一下民族权利运动或者是环境保护运动的起源吧）[15]，而另一些不令人满意的情况则经常被当成是一种既定的社会现实，原因即是为解决这些所谓的问题所付出的努力很有可能是徒劳无功的。[16]因此，如果一件事情被判断成为一种现实的话，解决问题的努力很可能会显得十分的软弱甚至是根本不存在。而若是被当作问题来对待的话，就会引起足够的重视，事情的发展也就会很不一样了。

《政府改革的新愿景》一书中所涉及的一个主要观点就是，与上文所提及的相类似的情况经常发生在美国政府中。[17]本书的一个主要的评估性论点就是这些经常出现的情况在社会科学和一般意义上都可以称之为问题。所有这些问题都不是无关紧要的[18]，当然其中的一些问题解决起来要比另外的一些要困难得多。有些问题甚至困难到即使付出最大的努力，也无济于事。因此对把这些一再出现的问题归类为困境是很有道理的[19]，于是任何关心政府运作及其后果的人就应当考虑一下知识在解决

22

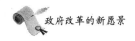

上述问题时的价值。

2.3 现实，而不是问题

把官僚事例看作是论证根源

政府内主结构同各个分支机构之间一贯出现的麻烦业已存在几十年了，这说明很多人不买所谓的一再出现的情况就是问题这一论点的账。其原因就是这些认为麻烦的情况即为现实的观点就是建立在对于官僚制的广泛的接受之上的。为了搞清楚从官僚制范例中得出的论点能够对一些不好的后果作出合理的说明，让我们重新回顾一下诺曼底尔学院取消计算机课程的例子。[20]假设现在有一位头脑冷静的批评家对中央采购部门的辩护人进行了一次采访，对话如下：

23

批评家：中央采购部门对诺曼底尔学院的购买订单在 9 个月内未完成，说明其无能，而且低效。这是不容置疑的。

辩护人：事实在于为了购买一件商品，只有在数量大而不是小的时候其价格才最低。政府应当充分利用规模效益的优势，当然也包括来自市场动力方面的，因为政府的节俭和高效也是公众的利益。

批评家：但是分支机构的服务对象应当得到及时的服务。这难道不也是为了公众的利益着想吗？

辩护人：在美国，政府官员必须支持经济和效率原则并按此行事。公众从未反对让政府变得更有效率。在提到节约的同时，大多数人都想要花较少的钱来购买商品。此外，每个人都是纳税人，但只有很少一部分人直接从政府所提供的服务中受益。因此，我们要更多考虑的是以尽可能低的价格购买，而不是更及时地提供服务。

批评家：可是在诺曼底尔学院的学生无法使用计算机进行教学的前提下，又有什么公众得到利益呢？他们受到了伤害；州里的经济也由于他们没有接受提高培训而没有受益；指导人员受到惩罚；诺曼底尔学院的声誉也大打折扣。

辩护人：这个问题的答案还牵扯到法律和政策问题。1989 年，政府立法委员会给予州行政长官以允许进行 50 美元以上的采购的权力。规章条令给了我们合并采购的权力。现代历史上的立法行动和命令表明，中央采购目标在于通过以尽可能低的价格从私人供应商那里购买商品和服务来降低政府的运作成本。我们的权力从未受到挑战：我们仍然可以以超过 50 美元的价格进行采购。[21]

批评家：规章条令的哪一部分说明中央采购部门不能在一年之内进行多次计算机采购？ 24

辩护人：多久采购一次某种商品是由中央采购部门的主任或是较低一层的官员所决定的，他将行政管理长官赋予他的权力再重新赋予决定此事的官员。像前文所提到的那样，决定此事的一个重要的尺度就是减少政府购买时所支付的费用。另一个需要考虑的问题就是管理中央采购的成本。由于开支被降到了最低限度，只有一少部分的高级采购人员参与其中。这些专家没有时间经常就此问题作出决定。对于一些特殊的情况，例如诺曼底尔学院，他们就无法给予过多的考虑。要记得，州政府每年用于商品和服务的采购费用可达上亿美元。[22]

批评家：那为什么不把决定何时购买计算机的权力赋予那些为数众多的该领域的一线雇员呢？

辩护人：把作这些决定的权力赋予较低层次雇员的做法是不合适的。[23]

批评家：事实在于，中央采购部门因为不正确的判断而把购买计算机一事拖了太久的时间。没有任何一家分支机构应当提前 9 个月就开始着手申请购买事宜。中央采购部门应该对诺曼底尔学院取消计算机实验室一事作出说明。

辩护人：一点也不是这样的。中央采购部门和社区学院两者有着不同的作用和责任：中央采购部门的作用就是为整个州进行采购，它的责任是要降低价格；而学院应该给中央采购部门以充足的时间，以保证让其实现这一责任。[24]

尽管我们对批评家的问题和指责深表同情，但是辩护人的回答也并 25
非完全没有道理。实际上，在官僚制下，他的论点是很有说服力的。以下便是其理由所在：法律规定，政府想要进行单价超过 50 美元的采购，其前提应当是被赋予决定权力的官员认为此举是合适的。而实际上，这一权力掌握在中央采购部门手中。根据民主管理理论，中央采购部门理应对行政管理长官和州长负责，保证遵守法律，并按照政策行事。[25]而

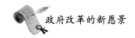

政策要求州政府的工作要经济有效，而经济上的规律就是当采购员采购的数量较大时，价格才会降低。有鉴于此，中央部门采购任一单件商品，必须要凑足一定的数量。[26]

此外，为了行事更为谨慎一些，较低层的采购人员并没有决定进行大规模采购的权力。实际上，中央采购部门由于资源所限，无法完成很多的工作。所以，中央采购部门只能不时地对何时才是进行采购大批计算机的最好时机这一问题予以关注。另外一个需要小心行事的措施就是每一个关心此问题的人都应该听从采购官员的命令，因为他们才是将法律和政策在此情况及类似情况中加以体现的专家。事实上，中央采购部门的官员们认定进行计算机采购的合适时间，并不是在从诺曼底尔学院提出申请到秋季学期开学这一段时期之内。因此，中央采购部门的行为也就找到了理由。

任何一个有见识的官僚制人士都会作出——在官僚主义的框架之内——内部统一的说法，来解释上文所提到的那些比较麻烦的情况。[27]不论他们作出这些说辞的动机如何，其结果都是把这些情况——以及其所造成的后果——归结为一种现实而不是一个问题。现在的问题就在于这些说辞是否具有说服力。

26

● 把社会科学当作论据

把诺曼底尔学院事件归类为一个问题有着两个方面的考虑：第一是在考虑到所有情况的前提下，希望能够及时购买到计算机；第二就是改变中央采购部门的运作是可行的。支持第一方面考虑的论据如下：

> 中央采购应该让政府提供市民所看重的结果。明尼苏达州的州民所看重的是一种有竞争力的工作，以及让政府或者是某一个人以合适的价格购买商品。在上述对话中，辩护人关于批量购买时每台计算机的价格就会下降的观点是正确的。问题在于，中央采购部门是否尽其全力来创造出这两种结果，以及在不得不面对不同利益之间的权衡时，是否作出了正确的选择。对于以上两个问题，答案都是"不"。利用采购领域的技术革新优势有可能以合适的价格购买到计算机，从而使得诺曼底尔学院的计算机课程能够得以开课。即使技术革新是不可能的，也很容易显示出中央采购部门购买计算机的时间不够乐观。[28]有鉴于此，中央采购部门应该按时买到诺曼底尔学院所需要的计算机设备。

关于增强说服力的更为困难的论点就是情况的改善是可行的。如果这一论点不能成立的话，那么所谓的主机构同分支机构相处中常常出现的麻烦即为问题的观点也就不能成立了。这第二个论点比较难以证明的原因之一，就是社会学家找出了很多的理由来解释说在政府内部推行一些好点子是十分困难的。[29]以下便是社会学家对中央采购能够而且应该做得更好这一观点所可能作出的回答：

> 对于一些拥护者的观点，我有些怀疑，而且我愿意接受这么一种观点，即认为中央采购部门应该做得更好。[30]

> 但是不幸的是，政策制定者想要让中央采购部门正确行事的尝试似乎是徒劳无功的。[31]第一个原因牵扯到政治。为了更好地完成工作，中央采购部门需要更多的资源，但是由于没有赞助者，立法委员会不会拨给其必要的款项或者是分配给它一些必需的职位。[32]第二个原因则是与该组织的本质有关。[33]在本案中所发生的情况可以追溯到采购的标准运作程序上。反过来，这些惯常性的做法又得到了该组织文化的支持。在其组织文化中，对节约资金给予了很大的关注，但是却极力回避对分支机构所受压力的回应问题。原因是该组织所能处理的问题有限，在复杂的组织中又避不开官僚制个性的发展。较低层的官员对各种请求说"不"以及其担心必须面对所有的要求都进行特殊的考虑。[34]

> 另外，组织的文化是很稳定的。[35]本案例也不例外：很多采购员似乎仍然对官僚制的改革充满信心，认为降低采购的成本就是经济的和有效的。没有人愿意为改变组织的文化而去做一些艰苦的工作。采购部的领导是其坚定的捍卫者；下面的官员则按命令行事。政策制定者主要是制定政策和服务公众，他们不会因为改善例如采购等办公运作而受到奖励。[36]而我们对于政治和组织的了解并不令人满意。因此像这样经常出现的状况——从理性的观点来讲确实是可悲的——是现实而不是问题。[37]

尽管对中央采购应该如何对目前的状况进行管理还存在着相互对立的观点，辩护人和社会学家最终却得出了一致的结论：主机构同分支机构之间表现出来的麻烦是一种现实而不是一个问题。有意思的是，他们是通过不同的途径来得出这样相同的一个结论的：一个是预先就肯定了官僚制的合法性；另外一个则是通过社会科学经验作出了这一结论。在

27

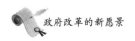

就政府存在的一些不令人满意的情况进行判断时，每一个人都要对社会学家的论点认真对待，就如同那些看重传统的人必须要认真对待辩护人的论点一样。

2.4 问题，而不是现实

与之相类似的是，任何对取消了的计算机课程等频繁出现的麻烦及相关结果关心、不满乃至愤怒的人不应该只听信辩护人和社会学家的一面之词。他们还应该了解一下持相反观点的人就此事所作出的说明。例如进步思想家就认为社会学家的想法过于悲观。中央采购部门终将改变其运作方式，这是不容置疑的。历史也确信无疑地会支持这种转变。[38]与社会学家不同的是，进步思想家认为政治有助于组织运作精神和中央采购的转变：

> 很久以来，学者们都认为西方政治不再是由思想形成的，而是变成了由兴趣利益和后物质价值所决定的。[39]对于公众服务的可见性和服务质量，市民都十分关心，但是经常却是不满意的。[40]在现在这么一个政治家为了获取高职位而仅仅许诺要进行竞争的时代，面向公众的客户服务甚至可能会成为一个关键的问题。来看一下撒切尔（Thatcherera）政府下台之后，举行的第一届议会选举时，约翰·梅杰（John Major）在其竞选发言中所宣称的以服务为主导的"市民公约"吧。[41]如果中央采购部门所出现的问题持续下去的话，政治家们就会在其惯用做法和公众不满意之间找出联系，并采取某种方式加以补救。
>
> 另外，更深刻的历史过程也在促使官僚政治朝着良好的方向发展。[42]私人部门的管理思想实践也从强调数量化、标准化生产转到强调质量化、客户主导化生产上来。[43]美国公众所广泛拥护的理论和时间的贯彻实现也为时不远了。[44]实际上，很多国家和州机构都在为赢得"总统质量奖"而激烈地竞争着。[45]很大一部分人也在至少支持"全面质量管理"这一理念。[46]因此，以质量和服务为主导就造就了一个良好的官僚政治。[47]将来有一天，这种社会风气也会对政府的后勤部门——例如中央采购——和与市民进行沟通等部门

的工作产生影响。那样的话，即使是辩护人，在列出其前文所提到的那样的论点之前，也必须要三思了。

和社会学家不一样，进步思想家把现在的信息技术革命也考虑进来，对此趋势持一种发展的观点：

新出现并得以迅速发展的以数学和计算机辅助作出决定的技术，极大地扩展了各正式组织解决问题的能力。将中央采购部门的计算器更换为计算机，把文件传递替换为电子数据传输等都仅仅是个时间上的问题。[48]一旦上述情况发生的话，其官僚制形式的组织文化也就很容易改变了。信息处理技术的应用为组织表现提供了一条崭新的道路。一些积极的员工还会说："随着跨越时空界限的技术将信息一体化……领导和员工都想要用有限的功能观点来创造出一些更加适合数据充裕的环境的作用。"[49]在计算机和数据网络出现后，原有的一些做法和文化就不适合了。

进步思想家同时对劳动力价值作出了预言，这将进一步对管理文化和官僚制产生影响。主要体现在以下几个领域中：

现在负责采购的领导是从 1960 年开始担任此职的。他为实现实践目的而建立的世界观形成于 20 世纪 40—50 年代。该组织再往下一两级的官员大多是出生于 60 年代的人，我们知道，这一辈人有着截然不同的世界观。[50]他们不喜欢控制主导的组织文化，而且相信雇员的参与和对客户负责是很重要的。[51]如果信息技术革新不能赢得官僚制改革的文化，那么代际的更替一定可以。[52]

从这一看法中，不可阻挡的力量例如政治、技术以及人口统计学都提供了一个保证，那就是主机构同各分支机构之间频频出现的麻烦不仅仅是一个问题（而不是一种社会现实），同时还是一种在将来的某一时期可以得到修正的问题。在听了进步思想家关于这些力量最终将对中央采购部门产生影响之后，人们可能会作出不同的反应。比如说，有些人可能对自己所持有的历史变化观点的现实性提出质疑：进步思想家关于演变的理论与卡尔·马克思的演变理论颇有些相通之处。在大多数的时候，历史现实远远不比任何一种假设简洁：在现实中，社会政治变化经常是一部分的、吝啬的，并且还常常遗留下一些尚未解决的问题。[53]这种反应表明，解决采购中一般和特殊的问题不像坐在椅子上空想那么简单，但它证明了关于主机构同各分支机构之间频频出现的麻烦即是问题这一

29

30

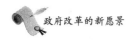

观点。

即使一些听众同意了进步思想家的看法，他们对此也会不耐烦。由于其个人的经历或者是依靠知识所得出的看法，他们的看法有可能被中央采购部门继续秉承官僚制做法的后果所削弱，从而敦促政治家和公众负责人来加速历史的发展，以便早日进入一个新的时代。

可能主义论者的贡献

在听到了对于进步思想家的批评之后，另外一个听众想要作出另一种更加现实的说明，在对此进行描绘时，可能主义者想要马上实现的目标就是说服那些持怀疑态度的人，通过有效的领导和管理，使进步思想家所提出的那种历史作用力，能够很快（而不是很久以后）就会对诸如中央采购部门这样的单位的运作产生作用。可能主义者的目的在于说服其听众，主机构同各分支机构之间频频出现的麻烦是问题而并非是一种社会现实。因此他所需要论证的是这种麻烦可以结束，而不必去论证这种麻烦是可能发生的。[54]

假定州长召集了一次内阁会议来讨论政府内部的效率问题，在会上他开始听到了有关主机构同各分支机构之间频频出现的麻烦的问题，他或许会觉得有必要成立一个特殊委员会来对此事进行调查，这个委员会应该有些类似于经济和效率委员会，但是应当有个更吸引人的名称。假设他雇用了几位有着为公众服务精神的商界官员，来服务于一些州长特别工作小组比如公众服务质量和价值州长特别工作小组。一些官员控制着大型的服务企业，从而反映出政府经济组成上的变化。再假设为了加强合作，州长要求几位内阁成员（分别来自主机构和各个分支机构）加入该小组，同时为了改善官员同监督部门之间的关系，他又邀请原来在政府参议院中的一位同事加入进来。另外为了让政府其他层次的人士也参与其中，他还请来了军队中的指挥员。在该小组的首次会议上，州长清楚地表示，他将会支持特别工作小组的推荐性意见，条件仅仅是这些意见只要与管理最好的服务企业、工业上的考虑和政府机构中的做法类似即可。随后，又举行了一个针对此活动的新闻发布会。

一些听众可能会心存疑虑，不知道在美国的其他州里是否也会成立一个这样的特别工作小组。没有人想要列举出这么一个州长想要通过召

31

集一个特别工作小组来结束其政治生命的州来。可能主义者接着又表示：

现在来假设社区学院院长想要在特别工作小组例会的第三天上为被取消了的计算机课程——还有其他一些类似的事件——讨个说法。在随后的高级官员会议上，他们就这些怨言同采购部的官员进行了沟通，成员们很快就达成了一致，那就是对于这些频频出现的问题，一直都没有采取任何的解决措施。现在再假设特别小组开始承担起找到解决问题的办法的责任。为了履行责任，一家服务企业的总裁建议说采购的决定权力应该下放到各个分支机构中。州政府参议员很快就提出了反对意见，先是说纳税人希望政府能够以低廉的价格购买到材料和设备，后来又说经济化的唯一途径就是进行中央采购。在一阵沉默之后，人事服务部门长官建议说小组成员应该好好想一下，州政府如何能从中央采购和分散采购中找出它们各自的优点到底在哪里。

交通委员随即回顾了一下她最近对邻州的一次访问。在访问中，她得知该州的同行每年为数量庞大但却不设上限的材料采购进行招标，各个城镇都可以在任何时候，直接从出价最低的供应商那里进行采购。她建议说明尼苏达州自己也应该就这种获取材料的方式展开一番调查。军队的领导立刻对此表示赞同，并表示它体现了管理上的一个重要的原则：统一一下需要一致的部分（就像是合同的基本术语一样），并让该领域的运作定制其余的部分（例如采购和传输的时间）。他随即讨论了军队是如何进行全国范围内的征募工作的，从而对此原则又作了进一步的解释。[55]最后，他也建议说把这一原则应用于解决特别任务小组所面临的问题之中。一个月之后，特别工作小组向州长呈交了一份推荐草纲，建议中央采购充分利用对计算机和其他材料、设备以及服务的不限量合同。

在认真听取了可能主义者所列举出来的理由之后，社会学家又提出了反对意见： 32

对于所提出的各种假设，你们也没有比我论证出了更多的事情。像特别工作小组的成员那么有理性、有知识的人在为州长提供推荐性意见时不应该感到十分困难。但是，我们都知道制定出政策是一回事，将它们付诸实施又是另一回事了。[56]你们并未就此问题说服我。

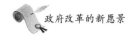

可能主义者对社会学家这番合情合理的反对感到十分惊奇，也想要说明自己的论点经由专家的现场论证，因而具有最终的说服力。[57]

在你的头脑中似乎有这么一幅景象：人们不愿意去实施那些"不是在此创造出来"的好主意。考虑到职业的采购人员没有参加特别工作小组的会议，我可以理解你怀疑中央采购部门是否会把不限量合同列入其一贯做法中去的想法。[58]我甚至愿意让一下步，承认特别工作小组用以提高政府管理的传统策略不会带来有意义而且持久的改变。[59]但我仍然不能像你那样作出在主机构同分支机构之间频频出现的麻烦就是现实而不是问题的结论。

可能主义者接受了对方的挑战，又提出了另一个方案。

我可以想到不限量合同的支持者们是如何从这一改变过程中的不祥的开始中得以恢复过来的。假设主机构负责监督采购的官员们很精于管理变化，如同公众部门那些成功地提高了法律、规章制度、保卫、税收、经济发展及人事服务等分支机构表现的官员一样。[60]然后我们再假定进步思想家关于政治、技术和劳动力价值的粗略的描述是基本上正确的。你能想象出企业分支机构的官员——让历史也站在他们一边——努力的工作数年利用各种服务部门的管理工具来影响整个采购工作的想法及表现吗？你想象得出不仅要接受不限量合同，同时对为确定和防止作出在主机构同分支机构之间频频出现的麻烦而采取的努力上产生动摇吗？你真的愿意说这一方案是难以置信的吗？

社会学家开始怀疑他的理论在此假设下是否还站得住脚。他开始同意这些情况是难以置信的，也承认取消计算机课程是一个问题而不是一种社会现实。但是，他却不相信更复杂的、在主机构同分支机构之间频频出现的麻烦，也是问题而不是现实这一观点。

可能主义者以经验为依据的质疑

凭借着他的知识和想象，可能主义者可以与社会学家或者是其他认为在主机构同分支机构之间频频出现的麻烦是问题而不是先前的人就此问题进行好几个回合的辩论，但是其听众可能早已经对其通过各种假设来证明这一观点的做法感到厌倦了，因此，他希望能够从社会现实生活中找到证据来予以证实。在辩护人应用官僚制来解释不令人满意的情况和社会学家提出没用的证据之前，可能主义者想要知道通过改变主机构框架、文化和惯用做法会带来什么不同。他所找到的最为充分的证据来自于 1983—1990 年的明尼苏达州。

注　释

[1] 像许多进行改革的州一样，明尼苏达州的行政部门于 20 世纪二三十年代，按照改革重组运动所提出的诚实高效政府宗旨，进行了重组。20 世纪 20 年代通过立法，将州内机构编组成部门，直接向州长汇报工作。同时还通过立法，引入了行政预算和集中购买。30 年代后期，史塔生当选州长，进行了期待已久的行政机构改革，建立了责任管理和监督预算、账务、购买、印刷和许多其他事务的行政部。请参阅 Lloyd M. Short and Carl W. Tiller, *The Minnesota Commission on Administration and Finance*, 1925 - 1939: *An Administrative History* (Minneapolis: University of Minnesota Press, 1942). 在其他情况下，有关改革运动的资料，请参阅 Richard Hofstadter, *The Age of Reform*: *From Bryan to F. D. R.* (New York: Vintage Books, 1955), and Edward C. Banfield and James Q. Wilson, *City Politics* (New York: Random House, Vintage Books, 1963), 138-150.

[2] 以下对明尼苏达州官僚制的简评，是这本书的合作者之一 Babak J. Armajani 提出的。除非特别说明，这些事件都发生在 Armajani 任行政副专员期间。

[3] 在那时，行政副专员 Babak Armajani 回忆起了政府采购长官詹姆士·威恩德的有关此评论的解释。

[4] 这种出租无须经过集中采购的事前批准，主管即可处理。原因是出租打印机或其他办公设备，是通过行政部的其他部门实施的。

[5] Joan Bartel, "Agency Visit Report" (Minnesota Department of Administration, internal document), October 1984.

[6] "尽管法定条件要求联邦政府的会计制度要采取权责发生制，但实际上许多会计制度并不符合此规章制度。产生这种状况的原因是，过分强调联邦政府财政管理机构的预算过程。" 以上是 Ron 在 *Government Financial Management*: *Issues and Country Studies*, ed. A. Premchand (Washington, D. C.: International Monetary Fund, 1990), 334～336 页 "Recent Developments in Accounting and Financial Management in the United States" 一文中提出的。

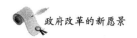

[7] 1985 年立法会议期间，明尼苏达州上议院财政委员会的国务院附属委员会，做出了有关此评论的解释。

[8] 在 Michael Barzelay and Pamela Varley 的 "Introducing Marketplace Dynamics in Minnesota State Government," C16-88-826.0, John F. Kennedy School of Government, p. 3. 也提到了助理专员 Armajani。

[9] 不令人满意的结果是形势，未必是麻烦。

[10] 关于社会科学家和政策分析家区分现实和问题的有关资料，请参阅 John W. Kingdon, *Agendas, Alternatives, and Public Policies* (Boston: Little, Brown, 1984), 115-121. The literature on problem identification is quite large. For a policy sciences perspective, see Garry D. Brewer and Peter deLeon, *The Foundations of Policy Analysis* (Homewood, Ill.: Dorsey Press, 1983), 35-60. For a symbolic-interactionist perspective, see Murray Edelman, *Constructing the Political Spectacle* (Chicago: University of Chicago Press, 1988).

[11] See Giandomenico Majone, *Evidence, Argument, Persuasion, and the Policy Process* (New Haven, Conn.: Yale University Press, 1989), and Charles E. Lindblom, *Inquiry and Change: The Troubled Attempt to Understand and Shape Society* (New Haven, Conn.: Yale University Press, 1990), 17-44.

[12] 关于将人类按家族类同点分类的原理，请参阅 Eleanor Rosch 的著作，还有 Howard Gardner, *The Mind's New Science: A History of the Cognitive Revolution* (New York: Basic Books, 1985), 344-348 页中有关的讨论。

[13] See Richard E. Neustadt and Ernest R. May, *Thinking in Time: The Uses of History for Decisionmakers* (New York: Free Press, 1986), 134-156.

[14] Lindblom, *Inquiry and Change*, 59-77. See also Joel Arthur Barker, *Discovering the Future: The Business of Paradigms*, 3d ed. (St. Paul, Minn.: ILI Press, 1989) 一书中，对"范式瘫痪"这一概念进行了讨论。

[15] 一般论据是 Samuel Bowles and Herbert Gintis, *Democracy and Capitalism: Property, Community, and the Contradictions of Modern Social Thought* (New York: Basic Books, 1986), 27-63.

[16] See Albert O. Hirschman, *The Rhetoric of Reaction: Perversity, Futility, Jeopardy* (Cambridge: Belknap Press, Harvard University Press, 1991). See also Majone, *Evidence, Argument, Persuasion, and the Policy Process* 一书，是从技术和政治可行性的角度提出的相关讨论。

[17] 从读者层和专业调查所提供的证明来看，每种情况都在美国政府中经常发生。因此我们认为，写作和阅读 "Supply Orders Delayed: School System Failed to Process Pacts," *Boston Globe*, September 24, 1991, p. 33, 之类的文章，

对提供证明是有所助益的，文章中提到："在距新学年开始还有三天的时候，波士顿的教育系统只兑现了关于购置教育材料 500 个合同中的一个，因而使那些学校不能获得基本的教学用品，如教科书和字典……市长弗林对于短缺物品的汇报感到非常气愤，并且因为教育系统无能力履行它们的责任，而取消了其管理职能。"关于检验社会中蔓延的经验主义的普通知识，请参阅 Lindblom 的 *Inquiry and Change*，173-174。

[18] 问题是否得到解决是一个判断问题，要求首先将现状是不是一个问题作一判断。问题解决的一个标准定义，是看事态是否转换到一个看起来更好的状态。

[19] 公共基金思想的普遍影响是很难克服的。请参阅 Allen Schick，"Budgeting for Results: Recent Developments in Five Industrialized Countries," *Public Administration Review*（January-February 1990）：26-34；Premchand, *Government Financial Management*；and David Osborne, "Ten Ways to Turn D. C. Around," *Washington Post Magazine*，December 9，1990，pp. 19-42.

[20] 本章的其余部分将注意力放在该事件上。证明该解释性策略正确的理由，包括以下几个方面。第一，把有关现实和问题的论据放在现实环境中是非常重要的。第二，在本事件中，有关过程和结果的事实非常简单，即我们研究的主题——论据所使用的有说服力的结构被突出的体现出来。第三，利用此实践很容易证明，重复发生的情况定义为现实，这一合理论点是可以被公式化的。如果这种情况可以被视为现实，那么推而广之其他的也可以。第四，我们认为这种情况与其他情况在实践上是相似的，因此对于该事件的争论（在不同程度上）与对其他事件的争论是相似的。

关于争论的一般的方法已被证明是合理的。作为一个经验主义的问题，在多元民主条件下解决社会问题在很大程度上受争论的影响。例如，将麻烦情况定义为现实或者问题的争论。在这样的社会体系中，标准的解决办法应该是发动公众对反对观点进行讨论。请参阅 Martin Shapiro, *Who Guards the Guardians? Judicial Control of Administration*（Athens: University of Georgia Press, 1988）；Robert B. Reich, ed., *The Power of Public Ideas*（Cambridge, Mass.: Harvard University Press, 1990）；and Hirschman, *Rhetoric of Reaction*, 169. 致力于识别有关特定政府行为和政策的反对论点所用的合理结构的现象在学术界越来越普遍。两个显著的例子是 Jerry L. Mashaw, *Bureaucratic Justice: Managing Social Security Disability Claims*（New Haven, Conn.: Yale University Press, 1983），and Peter Schuck and Rogers M. Smith, *Citizenship without Consent: Illegal Aliens in the American Polity*（New Haven, Conn.: Yale University Press, 1985）.

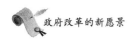

[21] 地方购买权的 50 美元限制是在 1939 年建立的。当时，管理和财政委员会重组，被归入了行政部。请参阅 Short and Tiller, *Minnesota Commission on Administration and Finance*。同样的 50 美元限制，其效力持续到下一章所描述的 20 世纪 80 年代中期发生变革为止。

[22] 关于变革之前"中央采购"内部规定的节约思想，请参阅 James P. Kinzie, "From Economy and Efficiency to Creating Value: The Central Purchasing Function," paper presented at the Conference on Managing State Government Operations: Changing Visions of Staff Agencies, John F. Kennedy School of Government, Harvard University, June 19–20, 1989.

[23] 不愿意将权力放手给低级职位的专业人员的有关事宜，参见上注。

[24] 在 1983—1985 年，拥护者对批评家所提问题的反应，类似于中央采购主管对行政部主管所提问题的反应。在某些地方，起辩护作用的论点按照符合官僚制范式的方式得到加强。

[25] 此项声明在评论特定的行政决策是否符合法律方面起了类似于法庭的作用。官僚制改革将重点放在行政部门。官僚制改革进行了许多年之后，才制定出机构应向法律和政策负责的法庭职能理论。请参阅 Shapiro, *Who Guards the Guardians*?

[26] 此项声明中起作用的原则是官僚制的合理性。官僚制的合理性被定义为适当考虑花费准确做出决策。"证明此观念合法的力量来自两方面：一方面是声明要纠正不合法社会决策的执行；另一方面是想要在特定的独立领域内实现社会的预期目标，同时还要节约社会资源以追求其他有价值的成效。毕竟没有一个计划能详细描述好政府这个概念，更不能描述好社会或生活。"请参阅 Mashaw, *Bureaucratic Justice*, 26.

[27] 行政部门主管遇到过描述各种情况的说法。

[28] 关于经济定货数量的概念，请参阅 William Baumol, *Economic Theory and Operations Analysis* (Englewood Cliffs, N. J.: Prentice-Hall, 1977), 5–10.

[29] 例如，James Q. Wilson 的 *Bureaucracy: What Government Agencies Do and Why They Do It* (New York: Basic Books, 1989) 中表明，有关管理职能的好点子，能够帮助那些设计美国政治法令的奠基者们。该书第 17 章中指出了政治过程更容易实现的是强制遵守而非达到目标（例如描述纽约市采购和存放部门之间紧张关系所指出的）。Wilson 在该书最后一章（376~378 页）指出："我们在处理政府机构时遇到的困难，许多，否则就是非常多，其根源在于机构支离破碎的存在形式以及开放的政治制度……虽然美国政府没有被设计成高效而强有力的，但还是可接受的并且有可塑性的……在此期间，我们生活在这样一个国家中：尽管有一些令人困扰的规定和规章，而且有些人对政府的合理用途还不满

意，但社会还是能够使我们立即获得饮用水，在几秒钟之内接通电话，在一天之内邮寄一封信，在一星期之内获得护照……这些竟然都能实现是令人惊奇的事情。"然而，最后一章大部分还是尝试解决 Wilson 所谓的官僚政治问题的论点。尽管如此，从上面我们引用句子所给出的建议中，读者可以有选择地使用 Wilson 给人留下深刻印象的书籍，从而得出观点：那些人事/一线机构的日常麻烦是现实，而不是问题。

[30] 研究组织机构的大多数社会科学家自觉成为官僚制范式的批评者。最著名的评论性著作有 Herbert A. Simon, *Administrative Behavior*: *A Study of Decision-Making Processes in Administrative Organization*, 3d ed. （New York: Free Press, 1976）; Robert A. Dahl and Charles E. Lindblom, *Politics, Economics, and Welfare* （New York: Harper Bros., 1953）; Charles E. Lindblom, *Politics and Markets* （New York: Basic Books, 1977）; and Rosabeth Moss Kanter, *The Change Masters* （New York: Touchstone Books, 1983）. 作为广泛的推广，坎特反对官僚制范式的私营部门的"局部主义"假想，尽管前代批评家是向官僚制范式的合理性挑战的。甚至于马绍尔，这个强烈捍卫官僚制合理性并把其当作政府官方行为的合理结构的人，也自觉地批评了官僚制范式。(see especially "On. Living with the Impossibility of Rational Administration," *in Bureaucratic Justice*)

为官僚制构建替代方案的自觉的社会科学的努力中，最引人注目的有 William A. Niskanen, *Bureaucracy and Representative Government* （Chicago: Aldine, 1971）; David A. Lax and James K. Sebenius, *The Manager as Negotiator* （New York: Free Press, 1986）; Charles Wolf, Jr., *Markets or Governments*: *Choosing between Imperfect Alternatives* （Cambridge, Mass.: MIT Press, 1988）; *Wilson, Bureaucracy*; and Mark H. Moore, "Creating Value in the Public Sector," 该文部分内容在 Annual Research Conference of the Association for Public Policy Analysis and Management, San Francisco, October 1990 中被提出。

[31] 有关论证这种形态（被称为无效论题）的知识史，请参阅 Hirschman, *Rhetoric of Reaction*, 43-80。他认为，实际上，无效论题是一个一再出现的论证方法（事实上三次中有一次），用来证明不满意的情况应该被视作一个现实，而不是应该运用人类才智和努力才能解决的问题："行动根本无法'产生印象'的实证或发现，留给改革提倡者们的只有羞辱和沮丧，并使他们怀疑自己'努力'的意义和真实动机。"（第 45 页）

[32]"对于一个立法者而言，合理的行动过程是，通过强调建设、提高工资以及管理利益的预算，来引起纳税人的兴趣；同时通过大声呼吁应该为健康、退休或教育领域的项目投入更多的资金，来引起项目受益人的兴趣……其结果是，这个国家有过多的慷慨的项目，而作为管理者，官僚们工资却很低，设备很陈

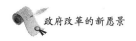

旧，办公室也很狭窄"以上引自 Wilson，*Bureaucracy*，119。

[33] 有关这个进行分析的一般方法，请参阅 Graham T. Allison，*Essence of Decision：Explaining the Cuban Missile Crisis*（Boston：Little，Brown，1971），and Richard F. Elmore，"Organizational Models of Social Program Implementation，" *Public Policy*（Spring 1978）：185-228。

[34] 关于响应的两难推论，请参阅 Wilson，*Bureaucracy*，326-327。关于官僚制特性的概念，请参阅 Robert K. Merton，"Bureaucratic Structure and Personality，" in Reader in Bureaucracy，ed. Robert K. Merton（Glencoe，Ill.：Free Press，1952），361-371。在这种情况下，为纳税人省钱的辅助价值就变成了最终价值。请参阅 Wilson，*Bureaucracy*，69 中对官僚制特性的讨论。关于通过说"不"来获得精神收入的问题，请参阅 Howell S. Baum 在 *The Invisible Bureaucracy：The Unconscious in Organizational Problem Solving*（New York：Oxford University Press，1987），22. 中所讲述的"与其努力和其他人发展一种紧密的工作关系，倒不如把他们放到对手的位置上。后者要容易些"。

[35] "文化对于一个机构的作用相当于性格对于一个人的作用。像人类文化一样，由一代传给另一代。它变化很慢，甚至不变。"Wilson，*Bureaucracy*，91。

[36] 参阅 Wilson，*Bureaucracy*，217："主管很少将他们的精力放到行政事务上，因为人们倾向于通过看他们的决策成功与否，而不是通过其机构是否良好运营，来评价他们。很少有人因为是个好的管理者而得到嘉奖的。"对于州长和立法机构人员也同样如此。

[37] 再次重申，我们并不是在对社会科学家的想法和说法作推测。我们只是主张，社会科学研究应该支持将复杂的情况划归入难题的范畴。

[38] 通过阅读 Hirschman's *Rhetoric of Reaction* 的第六章"From Reactionary to Progressive Rhetoric."可以更加清楚地了解这种情况。他在 157 页写道："如果反作用无效理论的本质是类似于某些社会经济现象不变的自然法则，那么它的进一步的说法就是类似于法律的前进的运动，向前的动态或者叫进步。"他还在 158 页补充道："人们喜欢拥有这样的自信（虽然有些模糊）即历史是站在我们这一边的"（强调根源）。

[39] Daniel Bell，*The End of Ideology*?（Glencoe，Ill.：Free Press，1960）；Ronald Ingelhart，*Culture Shift in Advanced Industrial Societies*（Princeton，N. J.：Princeton University Press，1990）. Professor Joan Subirats of the Universitat Autònoma de Barcelona 首次唤起我们对思想和服务公众的政治之间联系的关注。

[40] National Commission on the Public Service，*Leadership for America：Rebuilding the Public Service*（Washington，D. C.，1989）.

[41] See Michael White，"Major Gambles on Big Idea，" *Manchester Guardi-*

an，July 23，1991，p. 1. See also Robin Oakley，该文提到："约翰·梅杰于昨日签发了他的市民公约，并发誓要提高公共服务中金钱的利用率和价值……梅杰先生投入大量个人政治资本的许多建议，昨晚仍在威斯敏斯特进行讨论……保守的下院议员希望，如果政府提供更好的服务，将会对大选产生意义深远的影响。"

[42] 我们想要引用术语"官僚政治"的一般意义，而不是强调它在 Allison 的 *Essense of Decision* 一书中的意义。

[43] Robert B. Reich，*The Next American Frontier*（New York：Times Books，1983），and David A. Garvin，*Managing Quality：The Strategic and Competitive Edge*（New York：Free Press，1988）.

[44] Dwight Waldo，*The Administrative State：The Political Theory of Public Administration*，2d ed.（New York：Holmes and Meier，1984）.

[45] Christopher Farrell，"Even Uncle Sam Is Starting to See the Light," *Business Week*，Special 1991 Bonus Issue on the Quality Imperative，October 25，1991，134-136.

[46] See，for one example，Laurie A. Broedling，"Foreword," *Beyond the TQM Mystique：Real-World Perspectives on Total Quality Management*（Arlington，Va.：The American Defense Preparedness Association，1990）.

[47] 当前运作过程的历史，见 Linda Kaboolian and Michael Barzelay，"Total Quality Management in the Federal Sector：Discourse，Practices，and Movement," paper presented at the Annual Research Conference of the Association for Public Policy Analysis and Management，San Francisco，October 1990.

[48] Lindblom，*Politics and Markets*，66.

[49] Soshana Zuboff，*In the Age of the Smart Machine：The Future of Work and Power*（New York：Basic Books，1988），6. 在 Zuboff 该书的文章中，这些句子清楚地描述了 Hirschman 观念进步的一面，而不是一个经验主义的概括。

[50] 为了给美国一代的特性做一个更深入的描述，See William Strauss and Neil Howe，*Generations：The History of America's Future*，1584-2069（New York：Morrow，1991），他们将"一代"定义为一个特殊的群体。一代的长度同一个生活阶段基本匹配，或者大约是 22 年。如果我们书中提到的集中购买的负责人出生于 1940 年，那他就属于 Strauss 和 Howe 所谓的沉默的一代：一群"由于年纪太轻，没有参与第二次世界大战；到越战征兵时，他们的年纪又太大了"的男女。采购部门中的大部分年轻官员，属于第二次世界大战后生育高峰的一代。根据 Strauss 和 Howe 的说法，沉默一代中的典型成员，"对把群众集合在一起的过程和技能有非常深刻的体验。在路易斯·德莫比茨把非裁决的公平观念和开放的观念带入到美国社会中后，沉默的一代比任何人做出了更大的贡献。"生

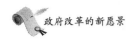

育高峰的原型则被说成理想主义者。

[51] See, generally, Kanter, *Change Masters*, especially pp. 37-65.

[52] "就像历史造就了这几代人一样,这几代人也可以创造历史"。见 Strauss and Howe, *Generations*, 8.

[53] Albert O. Hirschman, "Introduction: Political Economics and Possibilism," in *A Bias for Hope* (New Haven, Conn.: Yale University Press, 1971), 18.

[54] Hirschman 在表明个人对社会科学质疑的态度和观点时,第一次在英语中引入了"可能主义"这一术语。"我当然不是没有兴趣为强调特殊性而非普遍性,不可预料性而非可预料性,不确定性而非确定性的社会科学的研究方法争取一些平等权利。我的文章的一个基本倾向,是扩展那些现实的或可能的事物的界限,当然这样做需要我们放弃一些现实的或是想象的辨别能力……为了提出我的建议,一方面我拒绝成为'现实主义者',也拒绝使自己陷于无休止的变化之中。同时,我的建议也不应太过于革命化和理想化,以避免在全面政治改革时而没有一丁点的机会被采用。相反,我感到有义务把它们变成具体的制度细节,从而可以感觉到也许明天它们就会被有良好意愿的人采用。" Hirschman, *A Bias for Hope*, 28-29.

As will become increasingly evident, one of the key aims of *Breaking Through Bureaucracy* is to add clarity and weight to Possibilist's line of argument (in the context of public management issues) and, hence, to support his conclusion that recurring unfortunate situations along the staff/line frontier are problems, not conditions. We regard Hirschman's statement of possibilism—as well as Lindblom's argument in *Inquiry and Change*—as an endorsement of this approach to professional social inquiry.

[55] See discussion of the Army's REQUEST system in chapter 1.

[56] See, generally, Jeffrey Pressman and Aaron Wildavsky, *Implementation* (Berkeley: University of California Press, 1973); Walter Williams, *The Implementation Perspective* (Berkeley: University of California Press, 1980); and Steven Kelman, *Making Public Policy: A Hopeful View of American Government* (New York: Basic Books, 1987).

[57] 关于专家的"现场论证"的概念,请参阅 Donald A. Schön, *The Reflective Practitioner: How Professionals Think in Action* (New York: Basic Books, 1983), 128-167.

[58] 在解决难题和改革过程中,雇员"主人翁意识"的重要性的有关讨论,请参阅 Herbert A. Simon, Donald W. Smithburg, and Victor A. Thompson, *Public*

Administration (New York: Knopf, 1950), 81; and Kanter, *Change Masters*, 180-205.

[59] 可能主义者没有过多地提到个人经验，而是引用了一些学术著作，来证明他们的让步是合理的。有关资料是：Willis D. Hawley, "Horses before Carts: Developing Adaptive Schools and the Limits of Innovation," in *Making Change Happen*, ed. Dale Mann (New York: Teachers College Press, 1978), 224-260, and Richard F. Elmore, "Innovation in Education Policy," paper presented at the Conference on the Fundamental Questions of Innovation, Duke University Institute of Policy Studies, Durham, N. C. , May 3-5, 1991.

[60] 能够成功把握变化的一线机构主管的案例，请参阅 Jameson W. Doig and Erwin C. Hargrove, *Leadership and Innovation: A Biographical Perspective on Entrepreneurs in Government* (Baltimore: Johns Hopkins University Press, 1987). See also Wilson, *Bureaucracy*, 97-98 (case of J. Edgar Hoover at the Federal Bureau of Investigation); Philip B. Heymann, *The Politics of Public Management* (New Haven, Conn. : Yale University Press, 1987), 15-24 (case of Caspar Wein berger at the Federal Trade Commission); Steven Kelman, "The Army and REQUEST," John F. Kennedy School of Government (case of Maxwell Thurman and Army recruiting); Robert Behn, "Management by Groping Along," *Journal of Policy Analysis and Management* (Fall 1988): 643-663 (case of Ira Jackson and the Massachusetts Department of Revenue); Graham T. Allison, Jr. , and Mark H. Moore, "Preface," in Gordon Chase and Elizabeth C. Reveal, *How to Manage in the Public Sector* (Reading, Mass. : Addison-Wesley, 1983) (case of Gordon Chase and the New York City Human Resources Administration); "Ellen Schall and the Department of Juvenile Justice," John F. Kennedy School of Government, case C16-87-793. 0; Robert D. Behn, *Leadership Counts: Lessons for Public Managers from the Massachusetts Welfare, Training, and Employment Program* (Cambridge, Mass. : Harvard University Press, 1992) (case of Chet Atkins and the Massachusetts Employment and Training System); and Lee Frost-Kumpf, Howard Ishiyama, Robert W. Backoff, and Barton Wechsler, "Transforming Mental Health Services in Ohio: Patterns of Strategic Thought, Language, and Action," paper presented at the National Public Management Research Conference, Maxwell School, Syracuse University, September 20, 1991 (case of Pam Hyde and the Ohio Department of Mental Health).

第 2 部分

突破是可能的

第 3 章
创造策略

从 20 世纪第一个十年开始，明尼苏达州的地方长官们就理所当然地意识到他们作为州主管人的职责之一就是促进政府勤俭，提高工作效率。[1] 尽管加强政府日常管理职能一般是行政专员的职责，但很多地方长官都会召集一些特别委员会——大多是由商人组成——来寻找削减成本、促使政府以更加商业的方式运作的路子。[2] 州长温德尔·安德森 (Wendell Anderson) 即是奉行此做法的一例。早在 20 世纪 70 年代初期，他就创造性地提出了一种名为"借用长官的行动计划"（即 LAED）。1976 年，继任安德森担任州长的鲁迪·勃彼奇 (Rudy Perpich) 则任命一位平民来领导特别工作组以处理铺张浪费及不正当管理的问题。[3]

特别工作组提出了许多整改建议，包括减少旅行补助、缩短培训时间以及减少中心车场的规模等等。[4] 作为减少政府文书工作的措施之一，特别工作组提出政府应当停止购置一些文件柜。此外，他们还在政府办公楼内禁止使用电咖啡壶，一方面可以节约电费开支，另一方面也省下了清洁沾有咖啡渍的地毯的费用。

3.1 确定基调：STEP 计划

很多雇员对于负责处理铺张浪费以及不正当管理问题的特别工作组人员记忆犹新。但令这些雇员惊奇的是，在 1983 年到 1987 年勃彼奇次担任州长期间，他摒弃了设立特别委员会提倡政府勤俭、提高效率的做法。1985 年春天，在行政部门做了大量的准备工作之后，政府雇员受邀呈交能够改进其所在单位绩效的提议。这些提议需要首先由各个机构

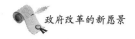

的官员通过，随后由名为 STEP（朝着更好的工作努力）的筹委会审阅，州长本人在该筹委会中担任联合主席。来自雇员们的反响强烈：STEP 计划共收到 84 份提案，筹委会又选出其中的 36 项提议，决定在第一年中予以实施。筹委会的批准显示出了 STEP 计划的可取之处，因为其中很多建议都涉及了政府运作中的一些在其他情况下很可能会被忽略的问题。[5]

政治：州长的改变

究竟是什么原因使得勃彼奇支持 STEP 计划，而不是另外建立一个反对浪费及不正当管理的特别工作组呢？首先，过去特别工作组的某些提议破坏了他在媒体中的形象，并且疏远了他本人与雇员之间的关系，而很多雇员恰恰就住在 1978 年大选时不支持他的社区之中。在仔细研究投票结果之后，勃彼奇把自己在大选中落败的一部分原因归咎于他对诸如禁止在办公楼内使用电咖啡壶的措施的支持态度。[6] 其次，在大选之后，勃彼奇本人从某种意义上来说，也有了一番作为雇员的经历。这当然是在更高一层的指示之下来进行的。在为期两年的时间里，勃彼奇是设在明尼苏达州的数据管理公司驻东欧的代表。在这一期间内，勃彼奇在位于维也纳的办公室接到了来自总部的命令，即含酒精的饮料既不允许在办公室内贮存，也不允许员工在午餐时间饮用。对这一规定，他的欧洲同事们十分愤怒，并成功地举行了一次罢工活动，使得该禁令最终得以取消。[7]

1982 年，勃彼奇再次竞选州长并获得了成功。他想要避开成立负责处理铺张浪费及不正当管理问题的特别工作组而导致雇员怨声载道的做法，而把他认为很有必要的数据管理公司的管理模式导入政府运作之中。勃彼奇并没有直接命令下属官员如何去减少政府开支，而是鼓励他们去改善政府管理。在给行政委员森德拉·黑尔的委任状中，他表示"要使明尼苏达州成为全美国管理最好的一个州"。[8]

委任状的详细阐述

摒弃成立另外一个经济效率委员会的做法使得勃彼奇任命的官员们以更有创造性的方式帮助他履行好行政长官的职责。[9] 为了给州长找出一种合适的管理模式，黑尔委员常常与州里那些有名望的商界名流们会面。她试图找到一些如何提高像州政府这般复杂的机构的管理的点子。

有些商业管理者认为政府管理和企业运作是截然不同的两个问题，互相借鉴管理经验意义不大。但是位于明尼阿波利斯的代顿·哈德逊公司主席威廉·安德鲁斯（William Andres）则对此不予苟同，他认为他的公司就与政府极为相似，因为它也同样雇用了大批人员，其中很多雇员就直接服务于公众。最终，黑尔说服了安德鲁斯（他同时也是该州大企业协会的主席）代表工商界参与于1984年成立的筹委会，来监督STEP计划并对提议进行评估审查。

在许多方面，筹委会与传统的经济和效率委员会都有着不同之处。首先，它的主要工作是提高政府的工作质量及效率，而不仅仅是减少开支。其次，进行改革的主动权主要在雇员而不是外界。再次，它的成员——包括工会官员、专员以及商界人士——有广泛代表性，并由勃彼奇州长和安德鲁斯共同领导，而不是由一个人说了算。最后，筹委会还保证尽可能地使议会拨款委员会同意让各个机构把节省下来的拨款用于同一计划，而不再重新分配。这样就有利于调动州政府雇员参与STEP计划的积极性。[10]

从理论到实践

在制订STEP计划的过程中，一些官员和私有部门的合作者努力将一些私人及非营利性部门的现代管理理念运用于政府管理[11]。这些理念主要包括：使命、策略、客户服务、创造价值、管理自由权限、雇员参与、团队创设、试验、营销、选择、竞争、生产力、工作评估以及雇员的认可等等。在邀请对STEP计划进行提案的同时，行政部门也号召管理者把STEP项目当作一个检验政府管理的许多理论假设的机会。这些假设主要包括：

- 与客户更紧密的接触有助于更好地理解客户的需要；
- 雇员的积极参与有助于发掘出所有成员的知识和技能，提高他们的水准；
- 给予经理和员工更大的决策权有助于加强他们对成本控制的责任感；
- 自愿结合的伙伴关系有利于人们分享知识、能力和其他资源；
- 采用最先进的生产力改善技术能产生结果；
- 提高了的工作评估标准为制定和施行改善服务计划奠定了基础，并为员工了解其个人的表现提供了信息渠道。

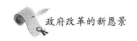

行政部门欢迎所有雇员就提高政府职能提出建议。他们相信，每一

41 个提议都应该着眼于提高运作成果——例如提高服务水平或是降低每一个服务单位的成本——而对增长了的成本则不予限定，并且应该致力于通过公私方面的团队的建立、培训和自愿的伙伴关系来取得预期的结果。每一项提议都应该指明该项目小组的成员和指挥者，并阐明对逻辑进行检验的计划。政府人员要与项目的提出者一道工作，以保证这些假设的情况能够得到检验，同时提议要指明如何来完成这个改变的过程。（1986年，明尼苏达州由于 STEP 计划而获得了"州及地方政府改革创新奖"。）

 ## 3.2 导入市场原动力

按双向交流销售

勃彼奇的首任政府加快了上一届政府业已开始的改革步伐。[12]上任伊始，行政官员们就安排参观每一家主要机构，并以"部门关系会议"的名义支出费用。在会面的过程中，也听到了一些对于政府工作的不满意见，涉及工厂管理、物资采购、信息管理、汽车调度以及印刷等方面。[13]那时负责部门关系的经理杰夫·兹劳尼斯（Jeff Zlonis）曾在一次会议上在他的报告中用各基层部门为例对州政府的管理关系作了如下总结：

> 有关部门关系的报告引起了不小的争议。为了吸引读者的注意，这些报告都采用彩纸印刷，内有业务部门经理的评论，并在各个部门之内流通。除了去掉侮辱性的词语之外，其他的批评意见没有作任何改动。一些部门经理对于刊登业务部门对本部门的批评之词并在部门内公之于众极为不满。但这恰恰是目的所在，我们正是要创造这样一个环境，使得行业经理的意见能够得到足够的重视。[14]

关于机构关系会议的观念开始在人们的心中扎根。从第二年开始，

42 来自职业服务及其他部门的经理开始询问他们是否也可以参加会议，部门领导对此自然是举双手赞成。尽管会上的批评有时很尖锐，与会的行政官员们仍是逐年增多。

资金基础

在 1983 年之前，一些诸如信息管理、印刷以及汽车调度之类的内部服务的管理同那些由政府拨款的活动十分相似。尽管大部分使用的是循环基金，并且是建立在按服务收费基础上的，行政官员们看不出为什么这些单位也要像一般的活动那样运作。相反地，他们认为这些单位应当寻求将其服务推销给相应的机构，并且创造出高于成本的价值。

行政官员们为摆脱他们称之为一般基金的活动而采取的措施包括：要求部门经理去找出客户所需要的究竟是什么，以及为了满足客户的这些需要要耗资多少，然后决定什么样的价格是最合适的。同时，他们也指导着经理们把控制成本的主要精力放在减少通常开支上，例如在信息管理局处理数据的问题上，行政官员们宣布他们建议不采取财政部关于同意在未来的财政年度内提高价格的做法。同时，他们要求经理就为满足开支而征税的做法作出说明，这一做法表明他们完全不赞同早先关于指定价格和开销的做法，并且采取了一系列的努力，在保持原有服务水平的同时，也减少了日常的开支。结果显示，在随后的一年中，在没有提高价格的前提下，数据处理业务收支得以持平。

竞　争

政府机构服务部门的助理长官同时也要求经理们向其汇报，从而认识到消费者如果对其所提供的服务不满意的话，必然会转而寻找其他的机构来代替。举例来说，一些机构如果对中心印刷服务不满的话，他们就会增加使用复印机的机会。政府雇员们也可以不使用汽车调度场的车，而开自己的汽车，然后再报销费用。在一些具体的事件上，助理长官会要求手下按照假想有别人也提供同样的服务进行竞争的思路来开展工作。

在很多事情上，诸如打字机的维修、管理咨询、缩微制图工业以及数据记录等方面，行政部门允许各个机构以与中央同样的价格从外界采购。他们看不出私人企业所提供的服务与政府提供的服务有多大的差异。两者均不被视为一种管理职能，而那种认为让政府提供服务可以获得潜在经济价值的说法也不足以令人信服。并且如果某人所负责的部门竞争不过个体服务商的话，他所在的部门也就应该歇业了。有这么一个关于打字机维修的例子。尽管采取了一些措施来提高有着 50 年历史的打字机维修服务，开支仍是远远大于收益，所以该部门决定在两年之内停止此

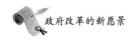

项业务。[15]与之相反的是，尽管也存在着同个体企业的竞争，该部门的管理咨询业却是十分红火。

在这一时期，一般的做法就是不论是否真的存在着竞争对手，都要把对内部服务的管理视为一种创造价值的产业。通过市场原动力，部门官员们取得了让具体负责的经理就客户所需服务及费用作出说明的经验。可以相信，行政部门也可以通过努力去满足这些要求对加强政府管理作出一定的贡献。

克服立法机关的不信任

44　　对行政机关的运作最感兴趣的就是州政府的分支——下院拨款委员会的成员了，而行政部门正在他们的管辖范围之内。作为每两年一度的预算的一部分，该委员会对呈报上来的资金使用提议审查详细而闻名。[16]

一些委员会成员对于该部门低质量的服务颇有微词。行政部门的官员们接受了这一批评，并把印有批评意见的文件复印件在会议上分发下去。为了提供更详尽的关于基金使用的信息，部门领导经常向委员们递交关于价格上调和保留资金变化的情况。随着各机构向立法机关抱怨服务质量差的次数的减少，行政部门的信誉也大有改观。尤其让委员们印象深刻的是，行政官员们由于认为其打字机维修服务不足以与私人服务商竞争，从而终止了该项业务。最后，为了树立使用循环基金的信心，行政官员们要求让该部门的文件中心来完成将循环基金转为一般基金的工作。这一转变给了监督人员以资金的使用权，使得他们可以将款拨到被认为合适的用途上。

3.3　使人事管理焕发生机

在传统的行政机构体系中，明尼苏达州政府几乎所有的职位的录用都要经过严格的过程，常常要花上几个月的时间才能完成。结果是，人事部门的人员往往承受着很大压力，要求加快录用的进程。[17]在20世纪70年代到80年代，人事官员们制定了一系列的法令法规，允许在一定的条件下，可以忽略其中一些或是全部的步骤。[18]尽管他们从来没有放弃对价值原则的遵从，但到了 80 年代的中期，他们仍得出了一个结论：灵活性应该在人事制度上有着核心价值。[19]

1986 年，雇员关系部领导尼娜·罗斯查尔德（Nina Rothchild）如是向监督该部门的立法委员会汇报："我们意识到，我们是通过为州里提供最好的雇员、公平而迅速地为申请人服务、维持一种良好的劳动力与管理者之间的关系和帮助政府机构成功完成既定计划而最好地服务于社会的。"中央人事机构的雇员以前认为他们的工作就是要求各具体分支机构按照一套基本的原则来雇请员工，并且认为那些下属的机构每天所面临的问题与其无关。[20]一些人负责录用和考察，另外一些人则主管着职位的分类，尽管这种安排是出于经济角度的考虑，但不幸的是，往往会引起这么一种后果，即人事官员带着考题去找负责考核的人员，却被告知这些考题不属于此考查范畴。[21]

1985 年，州立法委员们要求政府管理分析部针对雇员关系部的雇用/解雇工作进行研究。[22]在副长官伊莱恩·约翰逊（Elaine Johnson）的领导下，部门领导和经理把这次研究看作一个机会，来检验是否将精力主要放在分类及考核的技术质量上，而不是解决州政府管理人员提出的问题上。而对于行政管理官员们来说，他们则是把雇用/解雇研究当成了阐述应用管理分析部分来改变州政府的一个机会。相反，管理分析原先的作用就是提出建议，同时还对特定的雇员和单位中存在的不好的情况提出批评。

> 与以前的研究不同的是，管理分析不拿明尼苏达州与其他州相比较，看看孰优孰劣，他们只是利用自己所掌握的数据来阐明经理们关于该体系运行过于缓慢的批评意见。他们同雇员关系部的人员合作，并认为现有状况将得以改善，他们所得出的结论也是针对雇佣问题展开调查以来最为正面的回答。同时，他们也提出了一些推荐意见。对此，雇员关系部不像以前那样予以驳斥，而是十分支持，并且准备予以实施。[23]

政府的研究以及雇员关系部对此的反应成了促进职员部门改革的刺激因素。[24]一旦中央部门决定本单位的主要客户是各个具体机构的经理和管理人员，人事部门也就成立起相应的服务业务部门，这主要包括三个小组，即社会服务机构、科技服务机构和行政管理机构。每一个服务机构都要对为解决客户问题所必需的人事理论和具体工作负责。[25]

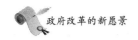

新观念和在职业领域有组织的结构的出现，在好几个方面都产生了突破性的进展。它表明像市场原动力那样的方法可以应用到原先被视为由技术主导的活动中来。与之相类似的是，部门对此方法的提倡也向观察家们显示出为了加强明尼苏达州的管理，除了政府支持的一系列的改革之外，还有许多事情有待去做。[26]

 ## 3.4 采购开始发生变化

在经历了许多辩论之后，采购部门把业务部门当作客户看待。随后，主要的工作便是去了解客户的所需，以及弄清楚该部门该如何为客户服务。采购部门是这样对此予以总结的："我们的工作就是对最大限度满足客户要求的产品和服务，从最好的经销商那里，以最合适的价格，在规定的时间内，通过专业的方式进行采购。"[27]

47 而对于很多采购部门的雇员来说，要他们接受对业务部门的要求作出迅速响应这样的概念并不容易：

> 在关于质量要求的辩论中，由于官僚制的存在，现在这种水平处处可见。对于委员会中持守旧观点的人士而言，业务部门只要没人盯着它们就会买回来卡迪拉克的景象历历在目。他们认为这些单位要么是被推销人员所说动，要么就是单位中的某些人自己对此有所偏好。[28]

很多购买者赞同这么一种观点，即与业务部门的人士不同，他们对于书面上的价格和付给经销商的价格都有反对意见。但是正如一位买方詹姆士·吉恩兹（James P. Kinzie）所言，"对于委员会中把业务部门看作是客户，把他们所提供的服务看作是政府所关心的问题的我们来说，加上这些词是再自然不过的事情了"[29]。

吉恩兹和具有类似想法的人发现尽管他们与行政政府官员们的意见大致相同，但是与部门主任似乎有些意见相左。"上面提出了某种想法，而基层部门对此则不赞同，有时甚至还会当着雇员们的面对此予以嘲讽，所以该部门的雇员们也就陷入了一个很有压力的境地。除非在管理结构上有一个持续的重塑，否则部门内的变化不可能实现。"[30]

为了实现这一持续性，机构官员们新成立了一个材料管理部，负责管理采购、中央供应店、资源回收以及盈余材料。在对候选人经过了六个多月的筛选之后，确定让来自控制数据公司的材料经理约翰·海格特（John Haggerty）来担任部门主任。约翰·海格特接受了此职。他说："在录用过程中，我确定了这么一种信念，即客户服务质量对于在政府行政部门中担任高职的人来说，的确是一个很重要的远见和运营理念，因为它树立了政府雇员应当为客户提供高质量服务的观念。我决定接受这一职务。"[31]

这位新任的材料管理主任于是便承担起帮助其下属员工去搞清分支 48 机构即是他们的主要客户这一责任。此外，负责采购的官员们也知道海格特作为一名公务员，希望能比其他支持客户服务理念的官员们更久地主管此事。海格特的改革策略不仅包括导入质量管理的理论和实践，同时还让一些赞同这一理念的老采购人员担当起可观的领导作用，同时，那位不支持此举的原任主任，则从领导岗位上撤了下来，并最终离开政府服务部门。

即使在努力了三年之后，政府行政官员们仍然无法说服所有的雇员支持他们的观点。这样，通过任命一位职业经理（他十分熟悉材料管理的政府之道）来监督采购事宜，通过提拔诸如吉恩兹这样的人来领导采购单位（他曾经在为期 15 年的采购生涯中感到"有些事情是大错特错的"），以及利用公众服务系统的一些灵活性来把一些顽固分子（比如前任采购主任）撤下领导岗位等措施，也就加强了此举的被接受程度。

 ## 3.5　重新组织信息管理

认识困难

尽管采取了一些措施来改善对业务部门的管理，但在第二轮关系会议上，行政官员们仍然听到了业务部门领导们的抱怨。很多抱怨都是针对信息管理局（IMB）的。该局建立于 1968 年，并同时归由行政政府管理。州长哈罗德·利温德（Harold LeVander）签署了命令，赋予该部门处理所有数据的职能。这一举动也就创建了一个强调成本效率的服务和

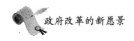

管理组织。[32]

49　　　业务部门使用 IMB 的服务时，它们不用自己的款项来付钱，而是采取把资金转入 IMB 循环基金账户的方式。[33]这也就给了它们对计算机服务的数量及总成本的一些自主权限。但是，由于 IMB 同时具有对州政府内计算机系统的监督责任，业务部门在未得其允许的情况下，也就不得购买任何的计算机设备或是外国服务设备。经理们抱怨说，IMB 对此往往是拒绝了事。在他们看来，IMB 似乎是在利用自己的监督特权来保证和其他业务部门之间的生意往来——也就是转入其循环基金账户的资金数量——不会受到竞争对手的影响。更令人气愤的是，IMB 的监督职能是建立在它向业务部门提供服务所索取的报酬的比率之上的。经理们同时还抱怨说，IMB 的服务质量过差：处理时间太长，推出高端服务的速度太慢，并且还抱怨说价格增长过快。实际上，价格的增长远比机构的预算增长得快。

　　　州政府住房拨款委员会代表菲利斯·卡恩（Phyllis L. Kahn）对于在信息管理上的花销极为关注。对于 IMB 所提出的增长价格问题，卡恩代表和其他委员会成员尤为不满。因为他们也受到了其他委员会所施加的关于让其帮助将业务部门置于控制之下的压力。此外，她也致力于提高州政府内计算机技术应用于更明智的途径的问题。在所有问题当中，她尤其对扩展非主机系统的应用和在各业务部门之间共享政府数据资源深感兴趣。

　　　而在立法角度看来，IMB 看起来也并非实行负责制。[34]由于 IMB 的资金来自于循环基金，所以州政府部门并不向其拨款。委员会成员们认

50　为这一安排使得 IMB 相对于立法机关来说，更不愿意倾听业务部门的意见。他们怀疑这么持续下去，用以发挥 IMB 监督管理职能的资源会系统性地消失，所以要努力改善机构关系，减少在其他情况下用于提高价格的总体成本。而对于经理们而言，他们总感到无力影响 IMB 的价格、服务质量和监督决定等问题。从其自身利益来看，IMB 不向任何人负责。

把服务和管理分开

　　　因此，IMB 也就提出了一个在行政管理中常出现的两难问题：如何让一家具体运作机构既能成功地提供令业务部门满意的服务，同时又能代表州政府和立法机关履行监督职能？IMB 把机构领导和立法委员们所关注的焦点引到了在服务和管理职能之间与生俱来的对立之上。在本例

中，结论就是在政府内部新成立一个信息政策办公室（IPO），将 IMB 的管理权转交给这个新的单位。IPO 和 IMB 一样，要由一位助理长官来领导，并由其向部门长官负责。

IPO 将是唯一一个让业务部门遵循监督者所指定的标准的部门，而 IMB 此后将致力于提供满足客户所需的高质量、低成本的服务。与之类似的是，IMB 的资金主要来自于向客户索取的服务报酬，而 IPO 的资金将来自于其客户即被选举的官员们的拨款。在这种情况下，各业务部门不再负担被监督的费用，政府部门也可以保证其管理职能能够得以很好发挥。大多数官员和监督官员都相信，如果其负责管理和服务的部门能够仅仅关注于其中一件事，并从各自的客户那里获取资金的话，部门作为一个整体就可以更好地处理两者之间的关系。这一做法也为行政官员和很多监督者提供了一种借鉴，即一家政府机构可以帮助各分支机构部门的运营，提高政府机构的可依赖性。

1987 年，州立法委员和州长给了 IPO 更大的正式权威，表述如下：

> 该办公室应当建立和发展州政府的信息建设，以确保将来政府机构的发展。对于信息系统设备和软件的采购，需要利用如下方式进行指导：单独的机构信息系统要对其他系统起到补充作用，而不是一味地模仿或者是直接与之相对抗。这个信息建设的发展必须包括建立起让政府机构遵循的标准和条令……该办公室应该在信息系统的计划和管理方面协助政府机构，以确保独立的机构能够反映出支持政府机构及政府的想法、要求和功能。为了拨款给信息系统发展、购买设备和软件，该办公室必须要对机构的要求予以审查和许可，除非得到该办公室的批准，否则这些要求不被列入州长呈交给立法委员会的预算之列。[35]

51

因此，IPO 具备了一个强势管理机构所有的特征，其目的是统筹全州各个机构的人员作出的行政决定以使得政府的运作更为高效。被任命负责该部门的莱拉里·格兰特（Larry Grant），原先在一家大型地区银行集团的生产发展部和市场部供职。

一旦 IMB 摆脱了它的这些责任，它也就改变了行政领导人的想法、与业务部门领导和经理们的联系方式、活动路线、文化甚至是它的名称。1987 年，在助理长官同时也是 IMB 领导人的人选还未确定时，黑尔长官就任命了一位有着在分支管理机构，包括交通部，长达 12 年供职经验的

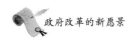

人士。这位名为朱迪思·皮恩克（Judy A. Pinke）的新任助理长官把 IMB 更名为内部技术部，并认为它价值 5 亿美元，"可以为行政机关、立法会、法庭、城市及政府、高等教育和社会团体提供数据处理、电信服务及信息服务"[36]。她还与内部技术部的经理们一道修改了 IMB 的方案，也就是原来的"为政府机构提供计算机使用和设备，电信和记录的集中管理"。新的章程则改为"为客户提供有价值的信息资产"。

3.6 提出企业—管理策略

52

早在 1986 年对信息管理加以重组之前，政府的官员们就逐渐认识到由特定的问题和机会所引发的各种倡议计划反映了对政府管理的整体策略。通过处理与业务部门的关系，针对市场原动力的实验、STEP 计划的发展、管理分析部为改善雇员关系所采取的途径，以及在信息管理中将服务和管理分离等，部门长官们学到了很多关于一个部门的人员如何来改进自己工作的知识，州政府也是如此。但是，很多经理看不出如何能将这些联系起来。很多人也在担心，改善服务就意味着放弃传统的监督和控制管理权。为了让雇员们接受这一改变过程，部门领导决定要清楚地表达出来一个整体策略——以下就简称为企业管理策略——来说明如何能把像服务和管理、市场原动力、州际领导、领导的自由处理权和说明责任等概念相互联系起来。[37]

行政官员们在脑海中还认为该策略拥有一些外部的支持者。黑尔尤其如此。她想要向州长、商业官员、立法委员、其他机构的代表和媒体显示，STEP 计划不过是政府想要证明明尼苏达州成为国家管理最好的州的努力之一。这些官员想要将此传达给两个主要的群体：一是政府部门，

53

一是财政部。立法委员们对来自业务部门对 IMB 的抱怨极为不满，特别迅速增长的计算机似乎在暗示着分支委员会允许 IMB 的花费处于控制之下。这也加强了立法委员们对于为机构提供资金而不是拨款的财政机制的不信任[38]，他们多次向政府官员表示，宁愿把更多的拨款用于支持内部服务上，以获得控制管理权。

副专员也面临着这些问题。他反驳说循环基金对于这些活动的管理来说是一种更好的工具，因为他们为扩大材料的处理权限，令经理们对

结果负责以及给予业务部门一些刺激以更有效地利用现有资源等提供了可能性。同时，他还希望对那些反对让内部服务部门同个体供应商进行竞争的财务经理们的反应予以反击。

形成策略

由政府行政官员们提出的该策略把如何让各部门的所有活动都处于管理、监督和资金支持之下这一问题予以概念化。在草纲中，对此描述如下：政府服务包括服务和管理，其每一项活动也应该是服务或管理项目之一。为客户服务即是政府机构的活动，并要满足客户对于高质量、低成本的服务要求。政府机构应当对让监督者正当、经济地接受政府或者其竞争对手的服务予以负责，而管理活动的服务对象则是以州长及立法委员们为代表的公民集体。采用一种适用于全州范围的观点来作出特定的行政决定以及对一些行政管理问题进行监督，即是该部门以监督人士为服务对象所应该提供的服务。所以，这些活动应该被称为州际领导和管理服务。在任何可能的时候，服务活动都应该把循环基金作为支持资金，而管理则是由拨款负担。

此外，如纳税人希望单独的政府机构能够被要求从某一内部资源中获得服务的话，该服务应该作为一种规范性的公用事业而受到管理，并对整个州的机构负责。否则的话，就应该把服务看作是一种存在着竞争的市场活动来予以管理。在这个意义上，每一家机构都应被赋予一定的灵活性，而从其所认为的能够提供最佳服务的供应商那里获取服务，或者是干脆自己来提供服务，并且还应该成立一个客户小组对所提供服务的质量和价格负责。市场原动力为市场活动的质量和价格提供了一种有效的途径，以更有效地开展竞争，给予市场活动更大的自由和灵活性。

最后，只有政府机构拥有凌驾于其他机构之上的优势，它们才能够在市场竞争中取得成功。谈到市场活动和私人企业之间的竞争，应当说这种竞争十分有益，因为它能够节约纳税人的资金。只有在考虑到价格和服务质量的前提下，政府机构才会舍弃私人企业而选择政府机构所提供的服务。[39]市场活动有可能不具备竞争性，也可能由于财政方面的原因而最终以失败告终。这样的机构应该被允许予以撤销。如果不可行的话，服务也就应该被归于公用事业的范畴之内。

总而言之，行政管理长官们认为，各项活动都应隶属于三个范围——州际领导和管理的活动、公用事业以及自由竞争的市场活动——

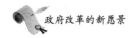

之一，并对其进行相应的资金扶持、管理和监督。[40]本书附录 1 是政府呈交给立法机关的一份书面报告，列出了各个分类以及相应的活动。

关于策略的一些说明

尽管政府部门的成员们认为有关公用事业和自由竞争的企业的想法十分有意义，他们对一些关键性的问题的监督政策仍然心存不解。他们想要搞明白如何能够有效地对由循环基金扶持的服务进行监督，循环基金是否会给予服务机构太多的自由权限，为什么政府内部的竞争性的市场服务应该设法赢利，以及政府机构与私人企业进行竞争是否合适等问题。

- **对循环基金的监督**

行政官员们试图通过详细地说明该策略来解决这些重要的问题。他们尤其提出，立法委员们应当花上一些时间来回顾一下这些服务的财政方面和运作方面的表现，从而对循环基金予以监督。关于有竞争力的市场活动，立法委员们应该对净收益和所挣到的钱的使用予以关注。如果取得赢利的话，政府官员们建议立法委员们讨论一下什么时候才是将收益移作政府之内他用的最合适的时机。一旦出现损失的话，监督者就要开始讨论是否该停止该项服务的问题了。通过这样，立法机关——按照行政官员们的说法——就能够保证政府的日常活动能够比其他供应商所提供的服务更加能够满足业务部门所需。同时也使得监督者拥有了对利润使用的管理权。

至于公用事业，要求立法委员们对每一项活动所索取的价格和盈余上的变化予以审查。作为对公用事业检查的一部分，政府官员们建议立法委员及相关分析家去查一下价格对于各业务部门来说是否合适，该价格与私人供应商所提出的价格是否存在着可比性，服务所得是否被予以正当管理，以及各业务部门对服务的质量是否满意等等。官员们还表示，他们会像在信息政策及管理领域那样，对监督者所关心的问题及时作出反应。[41]

- **自主权限和说明义务**

关于扩大自由权限的问题，主要是聚焦在利用价格——而不是数量上的限制——来控制所消耗资源的经济合理性上。制定循环基金的利率可以让业务部门了解到提供每一单位服务所需的成本。为了在给定的预算和操作策略下决定应该接受多少这样的服务，业务部门必须首先了解这一点。在其他条件不变的情况下，当一种特定的服务的价格上涨时，业务部门就会进行一定的调整，来减少这样的服务。而要对提供多少服务加上一个数量限制的话，就会阻挠业务部门的经理们为合理地决定如何进行调整来适应价格上涨所作出的努力。在每个服务单位的价格一定的前提下，如果某一业务部门接受了过多的该项服务的话，负责监督该业务部门的分委员会就会与其领导人员进行谈话。因此，让业务部门经理们来决定在任何特定的条件下需要多少内部服务就十分有意义了。

根据阐述该策略的官员们的说法，参谋机构对于循环基金的自主权限与之也十分类似。他们说，在中长期规划中，既不积累也不耗空所得盈余的做法就在公用事业的收入和支出之间建立了一种联系。相应的，收入是受到各业务部门的消费水平和价格的影响的。尽管消费水平由各个业务部门的具体运作所决定，价格则必须得到价格小组的首肯。这样一来，参谋机构官员及经理们所拥有的自主权限就很自然地包括要为业务部门提供高质量的服务，要让价格小组的成员满意以及增加收入和控制开支等等。所以，官员们表示，监督者可以通过形式价格管理权而给予各业务部门人员各种各样的自主权。

● 在州政府内赢利

对于市场服务的争论，同时还提出了关于管理和自主权的问题。但是这些问题也与这些活动是否应该设法赢利有着密切的联系。为了进一步地支持如上观点，官员们提醒立法委员们，收入与一家企业为客户提供服务的价值有关，而支出则反映出了产生这些收入的成本。在一定的条件下，一家企业的净收益粗略地说明了在一年之中，它为客户所创造的价值。因此官员们提出，为什么不充分利用这独一无二的优势，即仅仅一项指标（净收益）就可以说明政府的活动究竟完成了几成目标。他们还说，让业务部门来选择服务商以及关注政府活动的净收益，可以激励政府员工更好地工作，以力求比提供相同或相近服务的其他服务商做得更好。对于那些熟悉商界和经济原则的立法委员来说，这一观点更具有说服力。

● 与商业竞争

当立法委员提出为什么政府机构应当同私人企业进行竞争这一问题时，官员们回答说这是因为政府提供内部服务的目的就是为纳税人的利益服务。当政府比私人机构更有成果、更有效率地满足业务部门的要求时，纳税人就会从中受益。为了最好地保证内部服务能够达到这个目的，

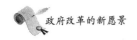

就要给各个业务部门自由选择服务商的权力（该项服务按照公用事业来运作的情况除外），并且还要避免为了抢争这些生意而使得竞争市场出现一片混乱。[42]

● 对该策略的接受

自该策略于 1986 年提出以来，立法委员们的行为显示出大部分人都赞同或者至少是不反对它。他们并不赞成在决定是否开展内部服务时，应当把供应商的利益置于纳税人的利益之上。同时，他们的做法还包括把工厂管理、电子通讯和管理咨询——所有这些都被统称为服务活动——都转到由循环基金扶持上来。[43]立法委员会还拨出一笔款给新建的信息管理部举办活动使用。[44]另外，立法委员会不再威胁说要给由循环基金扶持的运作活动制定一个开支的上限。最后，对政府提出的企业管理策略的接受还体现在反对把一些内部服务当作市场竞争活动的日益减少上。

注 释

[1] 1913 年，州长 A. O. Eberharti 任命了第一届节约和效率委员会。可参阅 Lloyd M. Short and Carl W. Tiller, *The Minnesota Commission on Administration and Finance*, 1925-1939: *An Administrative History* (Minneapolis: University of Minnesota Press, 1942), 3.

[2] 有关明尼苏达州行政专员职责的最初概念，请参阅 Leslie M. Gravlin, "Economy and Efficiency Effected through Reorganization of the Minnesota State Government" (n. p., n. d., Mimeographed), 4-6. 该文章看起来像是 20 世纪 40 年代早期写的。

[3] 该特别工作组被称为高弗委员会。

[4] 反浪费和不正当管理州长特别工作组的总结报告《州长节约费用计划》(St. Paul, n. p., December 19, 1978, Mimeographed).

[5] For examples, see Sandra J. Hale and Mary Williams, eds., *Managing Change: A Guide to Producing Innovation from Within* (Washington, D. C.: Urban Institute Press, 1989), 6. For a specific case, see "Denise Fleury and the Minnesota Office of State Claims," C15-87-744, John F. Kennedy School of Government.

［6］Pamela Varley and Michael Barzelay, "Striving towards Excellence in the State of Minnesota," C16-87-737, John F. Kennedy School of Government.

［7］Comments by Rudy Perpich at the Conference on Managing State Government Operations: Changing Visions of Staff Agencies, John F. Kennedy School of Government, Harvard University, June 19-20, 1989.

［8］See Varley and Barzelay, "Striving towards Excellence," and Sandra J. Hale, "Creating and Sustaining an Environment for the New Vision," paper presented at the Conference on Managing State Government Operations: Changing Visions of Staff Agencies, John F. Kennedy School of Government, Harvard University, June 19-20, 1989.

［9］This section draws on Varley and Barzelay, "Striving towards Excellence," and Michael Barzelay and Robert A. Leone, "Creating an Innovative Managerial Culture: The Minnesota 'STEP' Strategy," *Journal of State Government* (July-August 1987): 166-170.

［10］Hale 最初的想法是把该计划命名为"为效率和生产力而努力"。当她和她的执行小组意识到，州雇员是把效率和生产力与成本削减的数量联系在一起，而不是和努力提高质量和政府的成本效益相联系后，他们决定把 STEP 计划的名称改为"努力表现得更好"，以更好地反映出政府优秀管理的新理念。

［11］见 Varley and Barzelay, "Striving towards Excellence" 中对该过程中其他任务的讨论。

［12］Albert Quie 州长的行政专员 James Hiniker，在新一届政府中担任 Hale 委员会副专员 18 个月。在此期间，Hiniker 在议会中的信誉，对该州不把周转基金转成拨款，以及行政机关和分支机构所负有的预测增长的责任，都有很大的帮助。例如，行政机关可以把地方购买权限提高到 1 500 美元。

［13］See Michael Barzelay and Pamela Varley, "Introducing Marketplace Dynamics in Minnesota State Government," C16-88-826.0, John F. Kennedy School of Government, and chapter2 of this book.

［14］Jeff Zlonis, "Internal Service Activities," paper presented at the Conference on Managing State Government Operations: Changing Visions of Staff Agencies, John F. Kennedy School of Government, Harvard University, June 19-20, 1989.

［15］对打字机维修事例的讨论，见 Barzelay and Varley, "Introducing Marketplace Dynamics."

［16］"Executive-Legislative Relations: Opening the Lines of Communication," C16-90-992.0, John F. Kennedy School of Government.

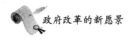

[17] 1997 年，由立法审查委员会引入了一个主要课题——雇佣过程的研究。

[18] Department of Employee Relations, Staffing Division, "Analysis of System Changes" (St. Paul, n. d. , Mimeographed).

[19] 本段内容主要来源于：Elaine Johnson, Joe Kurcinka, and Julie Vikmanis, "From Personnel Administration to Human Resource Management: Changing Visions of the Central Staffing Function," paper presented at the Conference on Managing State Government Operations: Changing Visions of Staff Agencies, John F. Kennedy School of Government, Harvard University, June 19-20, 1989.

[20] Julie Vikmanis, manager, Staffing Division, correspondence, December 1, 1989.

[21] Johnson, Kurcinka, and Vikmanis, "From Personnel Administration to Human Resource Management," 16-17.

[22] Ibid. , 6.

[23] Ibid. , 9.

[24] Ibid. , 4.

[25] Ibid. , 22.

[26] 行政部门的范围已扩展到接近人事机构，并因此建议人事部门应当开始树立一种新观念。因此，1989 年就能够在约翰·F·肯尼迪政府学院召开主题为管理州政府运作：改变人事部门的观念的会议。参加者是人事部门改革的拥护者们；以及一些其他的行政官（其中包括财政专员 Tom Triplett 和税务专员 John James）；一个州参议员（John Brandl）；一个州代表（David Bishop）；一个财政立法分析家（Kevin Kajer）；州长 Perpich；城市协会副主席（Stephen Hitchner）；来自华盛顿、得克萨斯和加拿大的人事部门主管；一些来自肯尼迪学院、耶鲁大学和波士顿大学，研究国家政策、管理、政治观念和法律的教授。

[27] James Kinzie, "From Economy and Efficiency to Creating Value: The Central Purchasing Function," paper presented at the Conference on Managing State Government Operations: Changing Visions of Staff Agencies, John F. Kennedy School of Government, Harvard University, June 19-20, 1989.

[28] Ibid. , 9.

[29] Ibid.

[30] Ibid.

[31] John Haggerty, "From Control-thru Chaos-to Customer Service," paper prepared for the Conference on Managing State Government Operations: Changing Visions of Staff Agencies, John F. Kennedy School of Government, Harvard University, July 19-20, 1989, 2-3.

［32］Judith A. Pinke, "Managing Internal Services: The Inter-Technologies Group," paper presented at the Conference on Managing State Government Operations: Changing Visions of Staff Agencies, John F. Kennedy School of Government, Harvard University, June 19-20, 1989. 1968 年，该名称用于计算机服务处。

［33］本段内容主要来源于 Barzelay and Varley, "Introducing Marketplace Dynamics," 5.

［34］Phyllis L. Kahn, "Information Resources Management in Minnesota," in *Government Infostructures*, ed. Karen B. Levitan (New York: Greenwood Press, 1987), 123-146.

［35］*Minnesota Statutes*, 1987 *Supplement*, §16B. 41, subd. 2.

［36］Pinke, "Managing Internal Services," 1.

［37］此后，我们使用术语"企业管理"，尽管这一术语要直到我们在这一部分所讨论的监工出现多年之后才开始使用。

［38］他们同样关心自己的能力，即监督那些非拨款资源，例如用户费，从分支机构获得的收入。

［39］"A Strategy for Funding and Managing Department of Administration Activities," 30.

［40］例如，信息系统结构、标准、合同和企业分析的融资，将从通过周转基金，转到通过公共基金，以便同创建 IPO 的待实施协议保持一致。同样，立法机关在 1986 年同意，州议会综合大厦和土地（工厂管理）的筹资，由通过拨款转到通过周转基金。（正式场所仍然通过公共基金筹资。）在许多情况下，决策还未讨论时，立法机关就批准了资金来源的改变。每种类别的行为的列表，见本书附录 1。

［41］如果立法机关对公用事业部门的表现不满意，它们的纠正办法包括：表示不满、行使领导权、通过媒体对部门提出批评以及在立法法案中发布特别的命令（例如，制定拨款法案的费率）。

［42］私有化改变，既不是州长的规划，也不是立法机关的规划。

［43］周转资金市财政服务行为法则的一个例外情况，请参阅本书附录 1 中的策略文件。

［44］在财政管理术语学中，这样的一个行为有时被称为"周转资金拨款"。

第4章
重塑文化，取得成效

  ## 4.1 为职员部服务

在创建了职员部之后，雇员关系部的行政官员和经理们努力制定业绩标准。首先，职员经理们安排了一些小组，让政府管理者阐述他们对于政府部门的印象。得到的包括"是州政府里最官僚制的机构"，"反管理，有偏见，不自觉，不关心，机械，不值得尊敬，不公平"，"在很困难的方针下运作，但是却不去设法减轻自己和客户的负担"，"行动缓慢，刻板严厉，才能平庸，而且非常令人失望"等等。[1]一份针对全体雇员部的调查显示，经理和指导者感到"他们必须也应该知道人事系统中谁才是最该用的人，或者是必须投入大量的时间和精力来保证对客户的要求作出及时的反应"[2]。

重新设计工作

在为改变这些印象而实施客户服务策略的过程中，部门领导们努力给予员工更多的权力。设计到机构服务小组中的新的组织机构体现出了
重点从发挥一系列独立的技术职能到为一部分顾客提供整套服务的转变。[3]作为同一策略的一部分，操作水平上的专业人士也被给予了一些智力方面的工具，以便不论客户提出什么样的问题，都可以及时有效地作出反应。举例来说，通过交叉训练，原本只知道职位分类的雇员也学会了如何进行录用和考核。反过来，录用程序上的专家们也了解了职位分类的情况。

由于有人事专家预先设计好的堤防，重组和重新设计工作所带来的原来该有的冲击不是很大。而设计堤防是基于这么一个前提，就是不要让业务部门侵蚀了公众服务系统。[4] 为此，人事专家们坚持维护自己的权威，来表明原系统的规章和条例适用于手头的问题。

作为授权策略的一部分，职员经理们向人事专家传达了一份修改过的章程，并且提出了业务部门代表及小组领导们所期待的表现。新的章程阐明，同意把业务部门的经理作为客户来对待就意味着职员部会帮助他们将该系统日益增长的灵活性应用到实践中去。另外，机构服务小组的成员们则需要分清每一个具体情况，探询部门经理对该问题的意见，把它当作自己的事情来抓，提出所有技术上的选择，并要为这个问题提供专业的意见乃至找出应该采取什么对策等等。所以，职员专业人员就受到挑战，要帮助客户在一定的时间内，解决与之相关的特定问题。一个好的解决办法就是对手头上的问题的最实际的反应。而所期待的结果就是得出的参考意见既令客户满意又符合政策。

重新定义章程

60

这种内部编排有助于解决问题和客户所需的概念，新的专业章程由职员和经理们逐渐加以修改。此举也有一部分原因是作为对有关什么才是将业务部门经理当作客户来看这一问题的回应。

● 进行判断

对于在章程和条令的基础上，应该进行判断而不仅仅是作出技术决定这一观点，很多职员都感到不是很舒服。在一次业务部门服务小组领导人的会议上，职员部经理朱莉·威克曼尼斯（Julie Vikmanis）作了如下发言：

> 永远不可能提供关于参考问题的最终的正确答案。甚至连最终的道路也不能提供。所有的问题甚至不可以合在一起（或者说至少我本人不知道该如何去做）。但是，我知道在考虑到事实的情况下，我可以想出多种需考虑的方面，对它们进行分析，然后再作出决定，并且要向他人和自己坚持这一决定。我并不总是对自己的决定感到满意，但是我却可以作出决定。如果我本人可以的话，其他的小组领导人应该也可以。[5]

判断和解决问题的着重点也被并入职员部的训练策略之中。训练主

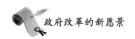

要是理解关于在不同的情况下作出不同判断的指导方针，而不仅仅是去记住规定和工作程序。机构服务小组的成员经常碰面，以了解各个成员是如何处理不同情况的。其目的在于树立成员作出正确判断的信心，培养不同的成员在互动风格、推理以及作出决定方面在一定程度上的一致性。以下是职员部管理人员的一席话：

> 重组的意思就是要和更多的人分享知识、处世哲学、权威以及作出决定的过程，以保证有能力将与服务相关的决定作得更快更好，并且尽可能地保持一致性。在同一件事情上，小组的领导人是否会作出和我不同的决定呢？是的。在同一件事情上，他们之间是否也会意见不同呢？是的。在小组领导人之间，是否会一直持续着这种总是采取不同解决办法的情况呢？不会的。这就是作出决定的指导方针、小组的创建以及自由交流所要说明的问题。[6]

- 行使权力

尽管一方面敦促参谋人员在为客户提供服务时少用些判断，职员部的管理人员同时也表示，在一定意义上这也是出于防止某些行动或者是结果出现而加以设计的。如果客户对于参考意见持不同观点的话，就需要一线机构的服务代表将此问题提交给小组领导人，并由其作出最终的决定。

- 符合质量标准

人事领域的服务质量可以被定义为按照书面上的客户要求来满足一定的标准。这些标准包括在一天之内提出一份关于已经确定的某一空缺职位的够格候选人名单，在三天之内提供出这些候选人申请材料的复印件，以及在两周之内将空缺职位安排妥当等。这些标准是由人事部门的雇员与业务部门的管理人员商量之后制定出来的，并要历经几个月的检验，随后印在定期出版的业务通讯上分发下去。随后还要进行跟踪调查，看这些标准是否得到贯彻执行。质量服务也可以被理解为部分地表明该部门关心客户所需，同时也现实地告诉客户他们所能得到何种程度的服务。

作为满足质量标准策略的一部分，职员部试着去简化录用的过程。举例来说，对于从事日常事务性服务的人员来说，考试被看作是一条不利于任人唯贤的途径，所以这一步骤可以省去。另外一个例子就是职员部让申请工作的人员一反一个阶段跟着一个阶段进行考试的做法，而是让他们连续参加考试，从而缩短了为业务部门领导人提供适合空缺职位人员名单的时间。另外，在当地置业服务安排的基础上，录取一些职位（例如打字员）的权力也下放到各个业务部门。[7]

● 与客户共享信息

起初的焦点小组会议表明业务部门的负责人是通过与人事专家的接触而了解人事管理制度的。由于很多的专家为了捍卫其自主权，使得业务部门的管理人员得到的往往是尽可能少的信息。这也使得他们对此的理解不够充分甚至有些歪曲。职员部的负责人意识到如果业务部门的领导人继续混淆不清，而人事官员的维权游戏继续下去的话，让业务部门充分利用人事制度的灵活性的计划就会受挫。为此，人事副长官伊莱恩·约翰逊说："我们认为我们需要一个让不同的领导人相互作用于各机构人事人员的工具。随后我们花费了很长的时间才搞清楚什么是这些负责人所应该了解的，以及我们应该如何共享这些信息。"[8]

每月出版一期的《合理定编》成为与业务部门管理人员进行沟通的主要工具。[9]每一本共 4 页的期刊都会包含有一些非技术性的信息，涉及迄今为止人事制度中为雇员关系和机构人事专家所了解的一个方面。[10]《合理定编》为管理人员提供了关于人事专家权利基础各个部分的信息。截止到该期刊发行第一个年头的年底，该书已讨论了 10 种录用选择、筛选程序、面试、赔偿、工作分类、工作描述以及与工作有关的考试等内容。其中一期还简要地提到前文所涉及的转变标准的内容。从得到的客户满意调查和非正式反馈结果来看，这一期刊受到了业务部门经理们的欢迎。（本书附录 2 提供了一份该刊物的样本。）

在最初的焦点小组成立不足两年，也就是 1988 年的 3 月份，职员部对业务部门的经理们展开了一项调查。结果显示，有 50% 的人表示他们对该部门所付出的努力感到满意；认为它"使得该体系的工作可以让人理解"；到了 1989 年的 1 月份，有 90% 的人表示对其表现满意。对于"有助于解决问题"这一深度，有 72% 的业务部门表示满意；同时，根据一份调查结果显示，有 74% 的被调查者表示他们对该部门"帮助管理人员雇佣服务于公众的雇员"的能力感到满意。[11]

● 带着伙伴一起来

过去用来形容中央政府的职员同其对应人员之间关系的词汇就是伙伴。其意思就是两个伙伴共同把业务部门的经理们看成是客户，从而开展自己的服务活动。在处理这种伙伴关系时，政府职员经理们在很大的

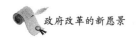

程度上都要依赖于一些间接的工具，因为合作伙伴双方都要向各自所在机构的官员们汇报工作。

尽管发行《合理定编》期刊的目的之一就是为了把客户作为一个可以对机构人事官员产生影响的渠道，而另外一个原因则是面向为其可以提供有效地了解更多相关信息的客户作出反应的工具。因此，职员部的管理人员在把材料寄给客户之前，会向机构人事官员们散发一份内容相似，但是更有深度的出版物。随着关于录用过程的期刊一起发出的指导简介，阐明其目的就是要"帮助人事官员们理解一些正在使用的各种录用标准，尤其是需要对如何阐述和应用包括法律、制度和政府程序在内的更正式的官方文件作出判断时的一些细微的差别"。[12]

职员部的官员们还通过与人事主任的经常性的会面来加强与人事官员之间的接触。在每年一度的政府人事人员会议上，对这一职员策略加以阐述，并提供了一些新技能的培训。[13]在与客户和人事官员进行交流和沟通之外，副长官伊莱恩·约翰逊还经常会见政府的助理长官，以便"帮助他们设想并阐明他们希望从其人事职能中得到什么"。[14]同时，鼓励机构管理人员采取与受雇于中央机构职员相类似的办法来提供高质量的服务，并让人事官员对此予以负责。

64

4.2 为采购客户服务

作为组织结构转变的一部分，采购在定期与客户进行面对面的接触中占有非常重要的地位。采购经理们甚至把到业务部门参观写进对采购员职位描述。这些会面为问题的出现和可能的解决办法提供了可贵的双向交流，同时也向客户显示出中央政府的职员对他们的事情十分关心。此外，这些会面也为将来通过电话进行信息交流提供了便利的条件。按照采购经理的话来说："经常去业务部门参观的做法为工作人员和客户之间进行交流和沟通开辟了道路。而这正是首先建立在面对面交流，然后再通过声音来联系的信任的基础之上的。"[15]

采购负责人表示，采购员应该像咨询人员那样，向客户建议该如何利用采购这一过程来找出购买到所需材料的最佳的途径。其工作分类应该包括问题的解决、谈判以及交流的技巧。同时也要提供客户服务培训。

许　可

大多数的采购活动都要得到很多官员的许可。他们的作用又是由逐渐增长的签署权来加以区分的。[16]一位有着 20 年工作经验的采购人员说他"看到两条消息是按照这样的程序被呈交给政府工作人员的；没有人相信你能够把事情做得完全正确，你也不必担心需要为自己的工作承担责任，因为会有人来审查你的工作并进行必要的更正"[17]。政府官员们力求通过允许采购员来自己作出决定和解决问题，从而改变这一现象。他们采取的办法就是打破等级制度，并把任何数额的合同的许可权都交给采购小组领导。

为了给各业务部门创造价值，需要敦促采购员来作出判断。过去，很多采购员都不愿意去考虑诸如质量、可靠性、商家的运货能力和除了一件商品的成本之外的周期成本等因素。他们一直坚信"管理的原则之一就是不要去冒险"[18]这一观点，并且认为从卖主而不是出价最低的人那里采购会使得他们处于被卖主抗议甚至是法庭诉讼的风险之下。但即使在由一位失望至极的卖主就评估投标的程序的客观性起诉政府的情况下，行政管理人员仍会站在采购人员的背后。这种政府所乐见的法庭之外解决问题的办法使得数不胜数的采购人员熟练地掌握了为业务部门创造价值的采购技巧。[19]后来，政府官员们又开始寻求清晰的法定权威，来使得采购活动得以在考虑到周期成本的基础上进行。

灵活性

在立法机关的许可之下，为了加强灵活性而导入的最重要的措施便是对于那些耗费 1 500 美元以下的商品，将采购权直接交于各个业务部门。采购负责人又进一步发展了对灵活性的应用。对于一份合同，他们会找出好几个供应商，再由各个业务部门自行决定哪一家供应商最符合其要求。

速　度

作为机构关系处理的一部分，政府得知业务部门感到采购部门总是要拖上好长时间才能完成他们所要求的事情。[20]在实行客户服务策略的过程中，经理们开始对采购表现出的质量进行评估。结果显示，在 1986 年，仅有 22％的材料采购得以在 25 天之内完成，而大多数则要平均用上

65

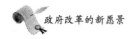

50 天的时间。

在不到三年之后，在机构关系会议上，业务部门的领导人则开始对采购工作表示满意。1989 年的数据显示了为什么在客户眼里的采购工作取得了进步：现在平均只要 21 天就可以完成采购事宜。到了 1989 年，被呈交给州中央政府的采购需求下降了 27 个百分点。最主要的原因就是使用了下放到各个分支机构的权力，使得平均处理时间缩短了一半左右。[21]

66   成绩的取得在一定程度上有赖于研究和探索资金的注入和支出，仔细分析流通过程，减少非生产性任务，从个人和购买小组的角度权衡估量经济好转时期，增进协调性，下放给各业务部门更多的权力以及充分利用新技术等等。[22]同时，采购工作也扩展了不限量合同的报价，使得各业务部门可以充分利用价格上的优势进行大规模的采购，而不必再等着中央集体采购时才将其包括在内。

4.3 创造领导管理模式

在设计信息政策办公室（IPO）的组织结构和具体运作过程中，政府官员们决心避免在这个管理政策的新的领域内再一次生成一种强制管理模式。他们向自己提出了以下几个问题：

● 如果我们有 95％的政府雇员只有在了解了自己被寄予希望如何去做之后才能按照准则行事，会发生什么样的情况呢？为什么？

● 我们是否可以设计出一种不会对大多数的雇员造成束缚的管理体系，同时也要采取那些与少数不愿意或者是不能够按照准则行事的人员相处的富有成果的方法呢？

● 我们是否能够履行帮助经理们成功地实现其所在部门目标的管理职责？

IPO 的任务

在回答上述问题时，政府官员们——包括 IPO 的主任拉里·格兰特在内——把政府比作是一个小团体，在其中的成员们都要遵守业已制定出来的准则。这一假设表明，信息政策应当由机构进行详细的阐述，而强化准则的权力也应该主要来自于他们的支持。官员们同时也相信，IPO应该努力使得准则的阐述更为便利，对准则的遵守也将会有利于团体的利益，并且要让各业务部门采取一些技术上的改变。他们还说，IPO的另一个主要的任务就是帮助使用业务部门资源并且有能力来遵守这些准则。在各个部门官员的头脑中，教育、培训、咨询、反馈以及奖励等都应该成为 IPO 的工作重点。

IPO 策略的关键工作主要包括以下几个方面：

● 与至少十数位代表信息政策委员会的机构官员一起工作，以在政府中树立一个信息管理的理念。这一理念还应该包括旨在把信息看作是一种资源，把政府看作是一个团体的信念和价值。

● 就信息政策委员会所提出的理念标准以及指导方针对各业务部门的负责人和官员们进行教育。IPO 也要向各单位提供指导，令其遵守各项准则。最重要的是，IPO 要抵制制定条令条例的压力。

● 就每一个部门进行信息管理的能力作出判断。这些意见要随同 IPO 对各部门要求拨给资金的评估意见一道在进行预算和拨款时，呈交给监督部门。这样可以刺激各个部门的领导参与到本部门的信息系统发展规划中来。

通过设法遵守州政府信息管理的准则，IPO 同时也为各业务部门作出预算和拨款决定的监督部门服务。信息体系在技术上的复杂性还体现在彼此之间存在着竞争的各个业务部门分配有限资源的困难性上。同时，监督部门需要得到保证，即计划中的信息体系在两个方面的开支是公平的。这些体系上的开支必须符合各个业务部门所要遵守政府政策及提供服务并要和其他机构一致的整体战略。为了帮助监督部门作出资金扶持的决定，IPO 提出了一份预算案。内容涉及对每项资金提议的评估——每一份都有一页纸——以及各个机构在遵守整个州的准则的同时管理信息的能力等。作为令监督部门满意的结果之一，就是很少有 IPO 不赞同的业务部门能够得到拨款。在 20 世纪 90 年代早期，IPO 召开的表现表扬会议上，监督部门对于 IPO 在预算过程中所起到的作用给予了表扬。

因此，从一开始，IPO 的客户就是州长和立法委员会。在满足客户的要求方面，IPO 提出了它的三个主要任务：制定信息政策，争取对各

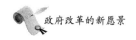

项准则的遵守以及协助立法委员会将预算作为提高政府工作效率的手段。

IPO 的机会窗口

IPO 在操作环境和设计方面的几个特点使得该办公室发展了一项很独特的管理策略。首先，信息管理曾经是一个十分高科技的领域，一个不断发展的门类，对于业务部门的运作来说十分重要。这些事实都使得对于客户和股东来说，IPO 试图让信息管理更为便利，并对监督部门负责的努力十分关键。

其次，各个业务部门提出的在信息管理方面给予拨款的要求必须在得到 IPO 的首肯之后才能列入州长的预算之中，而且这些业务部门若要使用拨款购买与信息管理相关的产品或服务，也要得到 IPO 的允许。如果 IPO 的影响与以前的正式权力相似的话，它就要对遵守信息政策准则的业务部门予以奖励，并继续加强这些准则。

最后，IPO 还可以向主要是由政府各个部门的官员组成的信息政策委员会寻求支持。很多官员都相信，遵守准则的命令和管理方法对于实现各个业务部门的目标都是有害的，对于信息管理领域尤为如此。

IPO 赢取遵守准则的策略

政府官员和 IPO 成员充分利用有利的环境，提出并发展了他们称之为管理的领导模式。本策略所带来的成果主要包括令客户满意，改进信息方案，成功遵守各项准则以及可以接受的费用。

● 就原则、标准和指导方针进行协商

IPO 采取了由信息政策委员会所制定出来的各项准则并将其为自己所用。制定这些准则的目的不仅仅是为了阐明各分支机构可以做什么和不能做什么，更重要的是要影响着官员们如何去理解他们所肩负的管理职责，以及怎样完成州政府的信息管理任务。这一目的也在该委员会关于信息管理原则的绪论中得以体现：

> 政策的管理也会随着信息管理的改进而得以加强。所取得的成绩不仅仅体现在运作效率的改观上，同时也表现在充分利用信息管理的优势来作出重要的决定上。为了实现这一目标，我们需要把信息看作是一种政府的资源，并朝着为提高政府设施、网络和数据的共同方向进行合作。这些原则也代表着一个理解和达成共识的基础。同时，这些原则既可以帮助各业务部门完成其立法赋予的责任，同

69

时又为达成政府要求作出了积极的贡献。[23]

两条原则表明，在信息处理技术和数据收集、贮存及使用方面的选择都是一些管理上的决定，业务部门的管理人员应对此负责。[24]

其余的原则则说明各个部门应该如何在信息管理领域展开合作。举例来说，一个被称为数据原则的基本准则就是"所有的数据是属于整个州政府的，而不仅是为某个收集或是使用它的机构所独有"。这一原则也可以解释为更加具体的内容，包括各个部门可以进行数据的收集、贮存、相互利用以及质量管理。类似的，标准原则也提出"信息管理的各个组成部分——应用、数据和技术——必须支持在各个机构之间以及政府和地方机构之间建立起联系这一观点"。在提出标准原则时，委员会成员希望具体的准则能够以协议、公约和经过许可的技术和应用的方式加以体现。[25]

经过协商就原则、标准和指导方针达成协议，并延伸到以这种方式来形成 IPO 对各个业务部门的预算要求进行评定。这一做法有利于各个机构的官员们理解和支持这些准则。它所带来的更进一步的结果就是使得委员会成员在管理各自业务部门的执行过程中更加有效。他们同样也支持 IPO 为让各个业务部门遵守这些准则所作出的努力，以及对那些不遵守的人员使用强制手段。

- **对机构计划的过程施加影响**

IPO 决定在机构关于修改信息体系的发展过程中，对各种文件加以审查，而不是只是坐等着最终的方案被呈送上来。特别指出的是，IPO 要求各机构不时报上一份关于该组织目标的论述，一份对其信息管理目标的分析，使用数据、应用及技术的计划和实行该计划的策划方案。通过提出这些要求，并在各个阶段予以反馈，IPO 想要在每个机构中培养一种信息管理理念，同时，也对整个州的数据和标准原则的贯彻实行予以监督。在有些时候，IPO 的主任格兰特还会出席一些机构级会议，来搞清各个机构的负责人们是否了解应该如何利用信息管理来加快其管理资源和提供服务的整体方案的实现。通过按此策略行事，而不是仅仅对呈报上来的最终要求和方案进行审查，IPO 希望能以更小的代价来换取更大的成效。

- **让准则更易理解**

IPO 致力于帮助业务部门去搞清楚他们被寄希望于该如何去做。一种方法就是向管理人员们提供一份非技术性的手册，简要指出一些战略

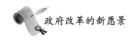

71　性的信息策划方案。同时，IPO 还针对那些不是委员会成员的官员们，提供了关于州政府信息管理原则的短期课程，并且还对机构人员进行培训，讲解周期成本和其他的应用工具，希望各机构能将此运用到新系统的策划中去。

● **简化程序**

IPO 只要认为一些东西是多余的就将其取消。比如说，如果一个业务部门的预算要求得到 IPO 的高度评价的话，它们就不会再对其购买设备的定单加以审查。IPO 还允许各个机构从拥有不限量合同权的供应商那里购买微处理设备。而在此之前，这一权力只有 IPO 才有。这一做法避免了在遵守准则方面的瓶颈现象。同时，也使得 IPO 把资源用作帮助各部门进行战略性的信息策划上。[26]

● **建立激励机制**

如果各业务部门能够遵守包括战略性计划在内的各项信息管理准则的话，IPO 就更有可能支持其预算方面的要求。例如，IPO 就建议监督部门向一家由政府计划部管理的信息情报交换站提供价值 60 万美元的拨款。在本案中，IPO 告诉监督部门说"这一要求有着顶级的管理支持，并且赞同关于如何令政府计划部为客户提供的长期规划。同时，它同意政府计划部该如何发展和坚持其信息体系的观点。这一要求在改变土地管理信息中心的作用方面很有意义。过去那一直是由应用所主导的，但现在却成为一个提供数据收集、整理以及传输服务的地方"[27]。

与此相反的是，如果某一机构不遵守信息管理准则的话，IPO 就建议监督部门不批准它的拨款请求。例如在对运输法规委员会关于聘请咨询服务部门对其职能及需求进行研究，并帮助决定购买和开发何种硬件

72　及软件设备的计划进行评估之后，IPO 表示"由于缺少足够的策划方案，我们建议暂不拨款……该部门缺乏战略性的规划和对其目标的阐述，也不具备信息体系方案……同时，没有任何可以与交通部、公共安全及公用事业委员会共享数据、应用及技术资源的承诺"[28]。

IPO 的推荐性的意见被证明十分重要。1989 年，立法委员会共批准拨款达 3 700 万美元，用于支持信息管理建立及持续性发展。其中仅仅有 500 万美元没有得到 IPO 的推荐。[29]此外，IPO 关于反对拨款给教育部的四个项目的提议得到了立法会的尊重，而该部想无论如何都要得到拨款的努力也没能成功。

- **要求反馈**[30]

1990 年的上半年，IPO 召集了一次各利益相关方参加的年会，其目的不仅仅是要听取重要的立法委员和机构对工作的评价和批评意见，同时也要确保不同的股东了解其他股东的观点。IPO 在以下几个方面都收到了很好的反馈意见，包括：开发质量方面的出版物，建立战略性的信息策划程序，向委员会提供人员上的支持，在预算中发挥其管理职能以及平衡立法委员会同各业务部门之间的需求等等。而在对委员会提出的把特定的标准作为官方准则的建议的反应，没有对重塑传输系统予以足够的重视，以及开发整个州的数据建设上，IPO 则受到了批评。[31]

4.4　为信息管理部门服务

成本问题

政府机构向数据处理服务索要的价格上的波动性也给各业务部门带来了一些困难。一方面价格的不稳定使得每两年的预算任务更为复杂，另一方面有时它在预算的第二年造成全部门的削减。因为这些缘故，客户们认为价格的稳定是十分必要的。在得到各数据处理机构官员的支持之后，政府官员最终说服了原本不情愿的财政部门的官员允许削减掉活动的多余的循环基金，并在三年之内偿还损失。

在信息管理服务从 IMB 中分离出来的几年间，价格表现在服务和管理责任两个方面改进了很多。在随后的时间里，数据处理的价格是按照如下进行改变的：[32]

计算机服务的价格变化

财政年度	百分比的变化
1987	+9.00
1988	+2.91
1989	−4.71
1990	−8.50
1991	−4.75

在需求和技术变化的推动下，价格上的下滑趋势同时也减少了由于价格的不稳定所引发的其他问题。

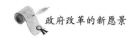

服务质量

在一份 1990 年的调查中，政府信息管理用户被要求对在前几年中，他们认为信息服务的质量的改进情况作出选择。范围是从 1 到 7，即从"一点儿也没有改变"到"大有改观"。平均的答案是 4.42，出现最频繁的是 5.33。[33]客户对于服务的评价包括"数据处理中心改善不错"，"在赶在最后期限之前完成方面做得不错"，"在寻求更多的选择方面更为坦诚"以及"我对与之相处的那些职员的变化印象很深"等。大约有 13% 的被调查者反映在服务质量方面没有什么改观。

在公用事业政策上各机构之间的合作

74　公用事业的价格体现出顾客要为自己所接受的每一个单位的服务付出多少钱。在制定价格时，从对每一单位服务的不同定义中进行选择是一项很重要的任务。在就此问题达成协议时，代表着客户利益的机构官员们要对如下问题加以考虑：

● 计数据处理服务的计算单位是 CPU 使用时间还是其他对各业务部门经理们更有意义的单位？

● 声音通讯中一个一分钟的电话的单位是按地址来决定还是把通话时间和通话距离一并考虑？

尽管乍一看来，给服务单位下个定义是个技术上的事情，但业务部门经理们后来发现他们必须要考虑到各个业务部门单独的以及整体利益，尤其要在以下方面达成一致：鼓励什么样的消费方式，在部门间如何分担代价以及接受怎样的政府价格等。定价过程中需要对这些问题加以判断：参与其中的人都对各部门之间的合作看得很重要。一位副长官说："我对这些影响到我们每一个人的问题有了更加清楚的理解。那就是由集体作出的好的决定对我们每一个人都有好处。"[34]

 4.5　对市场化企业进行管理

通常做法

为了取得成功，政府的市场化企业采取了许多在商业上常用的做法。

下面就是一些例子。

- **市场调查**

汽车调度场的职员们展开了一项调查，想要搞明白为什么很多政府职员宁愿开着自己的汽车再事后报销也不租用更便宜的政府车辆。他们最终找出了原因：很多人认为汽车调度场的车开起来不舒服，而且租借手续过于烦琐。对于这些批评意见，在 1984—1987 年，汽车调度场的员工增加了 25％的车辆并对其加以改良。而与此同时，其车辆的费率几乎没有上升。 *75*

- **竞争力分析**

印刷部门的负责人得出结论，认为只要他们在客户办公现场使用高速印刷设备并针对各个层次提供不同服务的话，他们足以在价格和质量方面同政府的服务部门进行竞争。管理咨询部门也认为，其职员对于政府运作的了解使得其在与私人咨询机构竞争上占有优势。相反，中央供应部门的官员们则认定他们不能同私人供应商在向一部分政府部门提供产品方面进行竞争。

- **对方案的行政审查**

市场活动的负责人定期向政府高层官员们呈送商业活动方案，涉及诸如价格、推销、投资、服务、人事、开支以及其他方面的问题。负责人同政府官员们还就净收益目标进行讨论。在令负责具体运作的官员对结果负责的方面，商业方案起着关键的作用。

- **成本分析**

中央供应部门发现，很多商品或服务的收益还比不上储存费用。

- **重新策划服务传递**

中央服务部门简化了程序以及尽快完成订单，而中心汽车调度场则在州政府所在地增加了服务点，以便为短期租借提供方便。

- **产品推销**

印刷部门向顾客免费提供海报大小的年历表，并在上面注明客户可以通过何种渠道得到该项服务。 *76*

- **财政报告**

所有市场活动都要每月上报损益，同时每季度也要呈送关于财政状况的说明。

- **其他要求**

除了要注意客户满意和财务上的表现以外，市场活动还要遵守政府

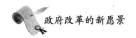

在人事、采购、信息管理、财务管理以及其他方面所制定的准则。

障 碍

阻碍市场活动的主要障碍就是政府与外部机构之间在福利制度上的差异。政府内部的工资水平是经过州政府与三个团体之间的讨价还价后确定的。但却经常无法与私人竞争对手所提供的工资相抗衡。因此，政府的市场活动要么是无法以低薪请来合格的雇员，要么就是以高工资留下的人员的竞争力不强。对于表现突出的雇员进行物质奖励的难度也是值得一提的问题。

政府人事上有限的灵活性也成为阻碍市场活动的因素之一。市场情况的变化似乎要比人事变化快得多。[35]因此，尽管职员们努力想要在现有的人事制度内尽力去满足市场要求，但是如上所提到的障碍仍然是个大问题。

结 果

表4—1列出了五种市场活动的营业收入、单位价格变动以及留存数据。这五种活动是：中央供应、印刷、管理分析、显微照相术以及电子设备租赁。尽管在一些时候，来自私人供应商方面的竞争极为有限，但是上述五种市场活动的每一项都面临着来自其他方面的竞争。[36]

77　表4—1　　　　　　　　　优选的市场活动的财政数据统计

部门	营业收入（千美元）		留存（千美元）		单位价格变动[b]（年平均百分比%）
	1983	1990	1983	1990	1987—1990
中央供应	2 246	4 915	—113	265	—5.81
印刷	2 360	5 800	—129	296	1.72
管理分析	0	571	8[a]	46	6.69
显微照相术	455	777	—20	46	2.27
电子设备租赁	286	692	—180	228	—11.20

a　1987财政年度为开始管理分析的第一年；

b　1987—1990年，消费者价格指数平均年百分比变化为3.91%。

企业家精神

1990年5月，政府官员们收到了麦克·鲍德姆（Mike Bodem）一份关于要求提供循环基金给该州记录中心的报告：

如果记录中心是建立在循环基金基础之上的话，必然会有利于其发展。因为现在我们从来没有就服务或是我们的存在做过任何广告。同时也没有接到任何永久或是短期的记录。而若本中心被作为周转资本建立起来的话，就可以接受任何一家机构所要保存的任何类型的记录，并对此收取一定的费用，而且还可以制定和实行一种市场化的战略。[37]

鲍德姆计划通过向各部门演示在运作上是如何的有效率来推销他的信息储存和重新利用的服务。为什么业务部门不继续把其记录放在办公室的空间里而是要付上一笔钱来接受此项服务呢？因为各个业务部门想要更经济地利用州政府里有限的办公空间。鲍德姆还指出，这是因为他们每年都要给政府最近成立的管理机构上交每平方英尺 11 美元的费用。因此，记录中心以比较可观的价格为各部门提供记录储存服务的原因也就很明显了：在城内，可以以每平方英尺 3 美元的价格租用储存的空间。同时在企业管理策略下，鲍德姆还说一些部门可以利用他们的这一服务把办公空间空出来另做他用，其他一些部门也可以选择缩小一下用做此用途的空间。鲍德姆也因此为一些政府机构找出了一个节省成本的机会，同时也为记录中心寻求到了一个开拓市场的机会。而在被问及记录中心如何与提供同样服务的私人企业进行竞争时，鲍德姆说他的部门具备一些占有竞争上的优势的资源。他尤其提到关于加强政府文件的安全性的措施以及其雇员对官方文件使用的熟悉性。

如果没有对企业管理策略——尤其是市场活动这一理念——的理解和支持的话，很难想象像记录中心这样的计划会是从政府机构内部出现的。正是这一策略使得鲍德姆这样的中层领导人利用自己对于政府工作的了解，来创造、推销以及提供那些能让各业务部门更好地利用有限的资源的服务。

注　释

[1] "Manager Feedback—Core Program" (Minnesota Department of Employee Relations, internal document), October 28, 1987.

[2] Elaine Johnson, Joe Kurcinka, and Julie Vikmanis, "From Personnel Ad-

ministration to Human Resource Management: Changing Visions of the Central Staffing Function," paper presented at the Conference on Managing State Government Operations: Changing Visions of Staff Agencies, John F. Kennedy School of Government, Harvard University, June 19-20, 1989, 24.

［3］技术部门、科技部门和社会服务部门，这三个独立的机构为行政机构服务。其核心思想是，许多职业仅在各机构的一个分支部门中有高度的体现。机构服务部门要努力达到与其他从事类似工作的机构相一致的管理水平。并非所有的雇员被分配到机构服务部。建立技术服务部门的目的，是通过在系统内部研究如何完成技术人员工作的方针、政策和程序，为其他人事部门和州立机构人事官员提供帮助。求职者服务部门负责刊登工作广告及与求职者签署合同等有关事宜。

［4］"当部门存在的一个主要理由，还是通过限制求职者和雇员的权利来控制机构时，那些长期职员，把建议管理者将部门变成一个服务机构想法看成是非常幼稚的。"以上引自 Johnson, Kurcinka, and Vikmanis, "From Personnel Administration to Human Resource Management," 18.

［5］Julie Vikmanis, "Service and the System: Some Philosophical Thoughts" (n. p., n. d., Mimeographed), 4.

［6］Ibid., 5.

［7］Johnson, Kurcinka, and Vikmanis, "From Personnel Administration to Human Resource Management," 38.

［8］Elaine Johnson, presentation to a research symposium on service management sponsored by the U. S. Office of Personnel Management, Washington, D. C., November 12, 1990.

［9］"在早期，是通过写一本指导手册来向管理者解释整个体系。但现在，我们更趋向于选择时事通讯的方法。时事通讯更加适合于管理者，它使管理者可以对发生的人事问题给予更多关注。并且它定期更新，使得管理者时刻注意人事问题与人事制度之间的关系。"以上引自 Johnson, Kurcinka, and Vikmanis, "From Personnel Administration to Human Resource Management," 36.

［10］问题的例证又见附录 2。

［11］Johnson, Kurcinka, and Vikmanis, "From Personnel Administration to Human Resource Management," 48.

［12］Department of Employee Relations, "'Personnel Office Extra' to *Smart Staffing* Issue: Beyond the Eligible List, October 1988," 1.

［13］例如，1987 年的会议解决了如下的问题：如何解决冲突；如何同顾客合作；新的服务传递系统。见 Johnson, Kurcinka, and Vikmanis, "From Personnel Administration to Human Resource Management," 31-34.

［14］ Ibid. , 35.

［15］ James Kinzie, "From Economy and Efficiency to Creating Value: The Central Purchasing Function," paper presented at the Conference on Managing State Government Operations: Changing Visions of Staff Agencies, John F. Kennedy School of Government, Harvard University, June 19-20, 1989, 18.

［16］ Jeff Zlonis, lecture given to a research symposium on service management sponsored by the U. S. Office of Personnel Management, Washington, D. C. , November 12, 1990.

［17］ Kinzie, "From Economy and Efficiency to Creating Value," 12.

［18］ Ibid. , 6.

［19］ Interview with James Kinzie, September 24, 1991.

［20］ Kinzie, "From Economy and Efficiency to Creating Value," 19.

［21］ Ibid. , 27.

［22］ 质量管理运动，促进了经济好转时期购买方法的改善。以上见 John Haggerty, "From Control—thru Chaos—to Customer Service," paper presented at the Conference on Managing State Government Operations: Changing Visions of Staff Agencies, John F. Kennedy School of Government, Harvard University, June 1920, 1989.

［23］ Information Policy Office, *Charting Your Course: Strategic Information Planning for the '90s* (St. Paul, 1989), 41.

［24］ 对于个体来说，其原则是：当人们阐明了他们机构的目标，完成了构思，并使用信息来实现他们的意图时，信息系统便可以扩展他们的能力。对于管理来说，其原则是：和管理其他诸如人事、预算等重要资源一样，管理信息系统也是一个基本的管理职责，不能够仅仅将其委派给操作人员。Ibid. , 43.

［25］ Ibid. , 42.

［26］ 不仅相关价格降低了，而且合同还为机构在微处理器方面赢得了 40％ 的折扣。

［27］ Information Policy Office, *Recommendations for Funding State Information Systems: FY 1990－1991 Change Level Requests* (St. Paul, January 1989), 76.

［28］ Ibid. , 15.

［29］ Information Policy Office, *Inside Information: Strategies for Information Management* (St. Paul, September 1989), 2.

［30］ Lecture by Larry Grant, assistant commissioner of administration, at the John F. Kennedy School of Government, Harvard University, November 9, 1990.

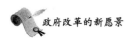

〔31〕Summary minutes of Information Policy Office's annual stakeholders meeting, St. Paul, February 1, 1990.

〔32〕Data are from "InterTech and Department of Human Services: Cost Management Issues and Proposals" (Department of Administration, internal document), June 26, 1990.

〔33〕38 位被询问者回答了这个问题。标准偏差是 1.46。调查结果被当作此书调查的一部分，被作者采用。

〔34〕Elaine Johnson, personal communication.

〔35〕Judith A. Pinke, "Managing Internal Services: The InterTechnologies Group," paper presented at the Conference on Managing State Government Operations: Changing Visions of Staff Agencies, John F. Kennedy School of Government, Harvard University, June 19-20, 1989, p. 12.

〔36〕保护印刷行为，不受生产某些种类产品的商贩的挑战。

〔37〕"Proposal to Change State Records Center to a Revolving Fund" (Minnesota Department of Administration, internal memorandum), May 11, 1990, p. 1.

第 5 章
挑战财务范式

到了 20 世纪末，政府行政管理及服务活动的策略及雇员关系的人事管理策略都产生了很大的变化。对于那些从一开始就对这些策略支持的人和在其发展及实施过程中做出重要工作的人来说，这一成果无疑是值得骄傲的。与此同时，这些策略和财政部门的会计及预算的管理所遵循的日常规则缺乏一致性，成为一个令人苦恼的问题。举例来说，整个州的会计制度不能及时向政府的服务提供相关财务上的信息，因此也经常会在市场活动上同预算官员们发生冲突。在支持此举的人士看来，坚持原来的会计和预算惯例可能出现的一些后果和问题应该早在几年之前就解决了。[1]

对于指导着政府目标、命令、文化以及惯例和其他方面产生变化的新观念，财政部依然不为之所动。作为对官僚制度改革理念的支持，财政部官员们认为他们是通过在每两年一度的预算过程中向监督部门提供专业的支持，控制预算的执行以及履行政府财政控制的职能来为公众的利益服务的。没有人有理由指责说财政管理过于松懈，州长本人也从未表示他对来自于财政部的服务不满意。在 20 世纪 80 年代，财政部的官员们仍坚持这种做法。[2]

在其第二届任期开始后的最后一年，勃彼奇州长任命了一位新的财政部部长，来接替原先那位现在已到私人机构就职的部长。在一些支持新观念的人看来，这一任命为在财政部中实行他们所称的州政府管理的"新理念"提供了一个最好的机会。[3]原因即是新任部长彼得·哈特钦森（Peter Hutchinson）倾向于接受新的理念，而这也正是他所接受的公众政策培训和在德通·哈德森（Dayton Hudson）公司担任公众关系副总裁以及最近参加哈佛商学院的高级管理课程所带来的成果。上任伊始，哈特钦森并没有在财政部中进行任何人事上的变动，但却设法从一些知名

的新观念的支持者例如巴贝克·亚美吉加尼（Babak Armajani）那里征求一些咨询意见。巴贝克·亚美吉尼曾经作为政府金融政策小组的一员参与州政府的金融活动。

这位财政部长和来自于财政部之外的一群谋士一道寻求各种方法，使得财政体系能够让各个业务部门在更大的程度上为客户提供服务、进行资源管理并遵守州政府的各项准则。这些目标并不是短期之内能够实现的，有些甚至要求付出几年的努力。哈特钦森倾向于在其作为财政部部长的第一年——也可能是最后一年——的任期内，确定和使用一系列的财政改革手段。因此，在1990年，部长打算通过对两个需要其关注的高层次的问题加以管理来导入新理念。这两个问题就是把权力和两年一度的预算结合起来。[4]

5.1 资本预算

哈特钦森在财政部上任时，已经有包括高等教育系统在内的政府机构提出要求通过发行政府债券来提供价值10亿美元的资金支持。[5]在考虑到一定的负债可接受度和州长的财政政策等因素后，财政部就面临着一项任务，即建议大大减少发行债券的数量。预算官员们建议财政部通过要求各个部门说明一下卫生和安全因素，然后对这些证明加以审查来确定上述费用。部长同意了这一做法。各个部门也证明了它们能够熟练地对包括新的屋顶和供暖系统在内的大多数项目举出卫生和安全方面的例证。在很多具体案例中，预算官员并没有相关的知识或是分析工具来确定这些证明是合情合理的还是正好相反。

尽管财政部的工作人员通过采用卫生和安全标准来对待已经摆在桌面上的成堆的提议，部长则想方设法地去压制各个业务部门想要要求更多债券却无法得到批准的趋势。按照新理念的观点，各个业务部门要求如此多的资本使用权利的原因之一就是它们并不为此服务支付费用。由于官僚改革方面的原因，为州里负债情况服务的资金是直接拨给财政部的[6]，因此各个业务部门由于这些抑制因素而想要争取到尽可能多的发行债券的权力，或者是一旦有了这项权力就着手于开始各个项目。作为减少在未来几年内对发行债券的权力的需求和令各业务部门更谨慎考虑

81

84

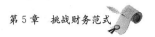

是否要进行已有权力的项目，财政部长要求各业务部门为拨款之外的债券服务支付费用。

　　财政部长的政治策略就是建议州长同意采取这一做法，并且定出提出最多资本要求的政府部门就是高等教育系统。州长同意了向政府机构为新项目发行债券收取费用的做法。但这却招致了高等教育官员及其支持者的反对。尽管大多数的立法委员会的领导人——也是对那些关于政府借贷能力批评意见甚感不满的人——对州长的提议表示理解和同情，但其他一些委员们则站在了高教官员们一边。最终，双方达成了协议：高教机构为其拨款之外的债务服务支付 1/3 的费用，其余的则由财政部支付。[7]哈特钦森对第一轮的结果比较满意，同时希望在将来能够让各个业务部门在资金使用上负起责任。

82

5.2　两年一度的预算

　　在立法委员会颁布了债券法令之后，财政部长的工作重点便转移到了 1992—1993 财政年度进行的两年一度的预算上来。到那时为止，预算过程仍然还是由各个业务部门提供要求增加开支和配备水平的证明，然后再在财政部和立法委员会面前予以说明。最值得商议的问题便是这些业务部门是否真的需要这些资金扶持和人员配备。

　　在对新理念的支持者中，对于预算过程的最大的批评就是它把监督部门以及各负责人的关注焦点放在了投入而不是产出上。花在证明更多的开支和人员配备水平上的时间不等同于耗费在改善现有计划成本使用效率或者是雇员的表现上。在政府中，支持者们也设法通过整肃由循环基金扶持的活动来把关注焦点从投入转到结果上来。此后，引导公共税收部门新理念的支持者们也想在方向上进行类似的转变，他们要求管理者更加严格地控制成本，削减一些次要的活动，从而节省出资金，给正在进行的项目运作投入新的更多的热情和资金。[8]对全州的公共资金使用观念提出挑战的主张，哈特钦森极感兴趣。

基点调整

　　财政部下发了预算指令后，就开始了高度的例行预算程序，要求各

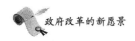

83 业务部门增加基本预算来反映其增长的需求，以及在工资、薪金和进行生意活动时其他方面的开支上的增长。预算官员们则向财政部长建议把每个业务部门的最低点都提高几个百分点。但是部长并不同意各机构需求是随着投入价格的增长而增长的观点，并且认为让州长发布预算指令的建议除非是在法律的要求下，否则并未为最低点的预算做好准备条件。

而当哈特钦森就最低水平的增加问题同州长的金融政策小组商量时，除了两个税务部门的领导之外，其他的小组成员都试图劝他打消这个主意。反对意见之一就是服务会退化。而部长则表示他不会接受那种认为各业务部门无法通过提高生产力来补偿价格和薪金增加的假设。他反驳说如果预算指令和审查能够把重点放在坚持最低开支的同时，也改善服务——就像他的计划那样，各业务部门领导会找出各种办法来更有效地为其客户提供服务。另外的一个反对意见就是此提议会被认为是一项预算削减，而州长不会在大选之年同意这种提案。对此意见，部长反驳说没有选民希望对这种代价（或者说是所谓的要求）进行资金上的支持，而宁愿寄希望于监督部门取得代表他们利益的结果。而唯一的办法就是让业务部门为使用公众的钱而产生的后果负责。而关于公众所支付费用的最好的消息就是按照法律的要求提高现有的最低点。第三个反对意见则是代表着政府雇员的团体会反对部长的这一预算计划。因为从传统上来说，最低点的提案表明政府在议价时的提高。部长承诺说他将说服这

84 些团体的领导人，使得政府讨价还价的策略不会受到预算程序变化的影响。尽管哈特钦森本人对各项反对意见都提出了解决方案，但是州长金融政策小组的成员们仍然怀疑各个业务部门的要求是否会得到资金扶持，州长如果同意此策略的话，是否会在政治上受到牵连。因此，最终的问题就成了州长本人会如何作出决定。

没有变化要求

部长原则上相信，应该通过不仅仅是认清参与提供政府服务的成本，更应看到公众对于这些服务究竟需要多少来开始进行预算程序的。根据1990年3月的一份预言，在1992—1993这个财政年度的财政状况应该与1991年政府的开支大致相等。摆在部长面前的政策性的问题就是是否要通过告诉各部门想要超越基本水平增加开支的要求不受欢迎的做法来应用一般原则。值得一提的是，哈特钦森认为在预算的一开始，就让各个部门了解这一不利消息，可以把更多的管理时间用在加强对现有资源的

利用上，同时还可以避免在以后的过程中很多变化有可能不被允许时所产生的失望。根据金融政策小组的其他工作人员的说法，这一政策在政治上的危险就是很多选民会对现任州长不再抱支持态度，因为他的政府不愿意在大选之前坚持新的计划和开支。

来自监督部门的支持

尽管一些为勃彼奇州长工作许久的人对此持反对意见，但是州长本人则支持哈特钦森的预算方案。据说州长想要利用这个机会表明在受到共和党人就其工作进行的挑战时，他认为他的政府的金融政策过于保守，同时，他也想避免在第三届任期开始时面临着预算赤字。此外，州长似乎也理解这种预算方案是如何延伸和发展了在其第二届任期内得以发展的新的理念。

一旦得到了州长的支持，哈特钦森便开始从立法委员们那里寻求支持：　　　　　　　　　　　　　　　　　　　　　　　　　　　　　　*85*

> 很多领导人都同意整个方案。对他们来说，这一方案最吸引人的地方就是关于传统方法，就像过去经常发生的那样，会在加大开支的"要求"和财政增长的实际上的局限性产生重大冲突的观点。因此，在传统的预算过程中，大部分的时间都花在了削减各部门预算和服务上面。对于立法委员们来说，这就意味着在预算问题上支持一些"强硬的"投票。我们提供的选择有利于减少非必要的要求，在各部门要求间进行筛选，同时也要想一下怎样在政府的有限的资源限度内坚持服务。[9]

传达预算指令

1990 年 8 月，政府机构得到了州长关于预算的指令（本书附录 3 提供了该指令节选）。除了说明州长对于基点的调整和改变的要求之外，它还要求各部门应用其自主权限、灵活性以及创造性于制订计划和策划服务传递机制之中。为了把更多的精力放在结果上，并未要求各部门像以往那样提供关于成本的详细信息。

预算指令在政府内部引起一片混乱。和财政政策小组的大多数成员一样，机构负责人指责财政部应该增加基点预算来满足所求。在一系列的会议当中，部长表示他已认识到部门成本开始上涨，但他也说明，州

长的新的预算政策首先要让公众以可以接受的价格，以税金的形式支付。然后再利用这些有限的资金代表公众的利益支付给各个业务部门。因此，需求或成本并不是预算所关注的最主要的问题。这些观点并不为很多人所理解——不仅仅是各个业务部门，就连财政部内的一些专业人士也是如此。因此，在按照指令行事时，也就产生了很多不明之处。

86   不同的预算方法间的碰撞——即资金同购买结果之间的冲突——在勃彼奇任职期间并没有得以解决。他在 1990 年的大选中落败。[在大选前两星期，共和党候选人因个人问题退出竞选。共和党的第二候选人阿内尔·卡尔森（Arnie Carlson）胜出。]随着勃彼奇政府的下台，也包括哈特钦森在内，很多机构负责人希望能有更加合理的预算政策出台。但是出乎他们意料之外的是，继任州长上任不久，即宣布他将采取这些与以往不同的预算方案。

注　释

[1] 在有关改革、产品开发、组织变革的著作中，经常会提到"拥护者"这个概念。例如，可参阅 Rosabeth Moss Kanter, *The Change Masters：Innovation and Entrepreneurship in the American Corporation*（New York：Simon & Schuster, 1983），296-298，也可参阅上述著作。

[2] 20 世纪 80 年代中期的财政专员们，非常支持前几章曾讨论过，并在本书附录 1 中做了总结的那些企业管理策略。在大多数情况下，主管们的日程安排得太满，以致没有时间去解决实施过程中出现的冲突。

[3] "新理念"这个术语，是 Michael Barzelay and Babak Armajani, "Managing State Government Operations：Changing Visions of Overhead Agencies"（Cambridge, Mass., n. p., 1989）一文中提出来的。1989 年 6 月在 John F. Kennedy School of Government 召开了主题为明尼苏达州人事机构的经验的研讨会，该文章得到了正式的讨论。该文指出，新兴的职员/分支/监督之间关系的模式，脱离了官僚制改革范式。因此，它应当被视作是一种新理念的反映。进一步来说，拥护者使用该术语，来作为阐明职员/分支/监督之间关系的一般方法。

[4] 序言中提到的 Armajani，1987 年由行政部调任到税收部。在那儿，他一直是新理念的主要拥护者。在近 20 年的时间里，他和 Hutchinson 无论是在学术研究，还是个人感情上，都保持着密切的关系。

［5］在这一部分，我引用了 Hutchinson 1991 年所发表的 "Background Paper" 中的资料。

［6］Hutchinson 推测，"从官僚政治的观念出发，中央决策将被视作检查机构盈余的方法。既然这种中央处理办法被认为是成功的，那就没有必要去管理资金了。"以上引自 "Background Paper"（St. Paul, n. p. , 1991），3.

［7］1990 年的担保法案，还允许成立执行/立法专门小组，用来决定如何更好地进行资金预算过程。

［8］关于财政部的预算活动，请参阅 "The Executive Branch and the Legislature: Opening the Lines of Communication in Minnesota," C16 - 90 - 991, John F. Kennedy School of Government.

［9］Hutchinson，"Background Paper," 7.

第 3 部分

>>> 概　括

第6章
更多问题，更少现实

在第二部分中提到的关于人事和一线部门之间的问题是不是存在于 各地，存在于各级政府中呢？这个问题的答案是否定的，即使每个州的情况都像明尼苏达州一样，情况也够糟的了。人们不可能证明某种情况有问题，而只能判断。我们需要强调：我们不能在逻辑上证明在明尼苏达州关于一线和人事部门的情况是一个严重问题。

在这儿提到的经验可以使政府官员和其他人增强他们关于他们自己所遇到的一些或全部麻烦是否可以解决的判断力吗？答案是肯定的。关于这些经验的信息可以帮助人们把一些令人不满意的情况分类。抱有偶然性想法的各地的人们和各级政府官员宣称，人事和一线部门之间的矛盾成了问题。本章的任务就是讨论这一论点，为喜欢深思熟虑后再作出决定的人们提供有益帮助的可能性。[1]

在第2部分我们提到了辩护人和社会学家，深思熟虑后作出决定的人们的思维方式和他们很像。抱有偶然性想法的人们做好了攻击他们的准备。为了说服他们接受抱有偶然性想法的人们的观点，最好就是说服他们相信在出现问题的情况下，他们的方法能很好地解决问题。[2] 主要 问题就是表明有效的方法是可以解决人事部门和一线部门之间的问题的，就像可以解决一线部门和公众之间的问题一样。[3]

6.1 一种情景假设法

只要他们意识到在美国的某些地方已经出现了一些关于人事部门和一线部门的问题，一些像辩护人和社会学家一样考虑问题的深思熟虑的

人们就会找到适合当地的有效解决方法。[4]如果抱有偶然性想法的人们觉得深思熟虑的人们愿意的话，他们只要按第 2 部分说的那样做就行了。如果按照这种策略的话，抱有偶然性想法的人们就可以很好地收集有关官员们通常使用的解决问题的方法的信息，这些方法包括确定问题，改变常规，寻找政治支持，察看反馈信息。

但是如果喜欢深思熟虑的人们认为明尼苏达州与他们当地情况不同，从而第 2 部分提到的信息就像在瑞典可以解决问题一样不适于他们的话，那抱有偶然性思想的人们该怎么办呢？我们必须严肃地对待这种可能性，因为大多数美国人认为明尼苏达州天生具有解决问题的能力，而且他们认为这是因为在明尼苏达州的大部分人是北欧人。[5]三种反驳这种不适应的方式是：

- 要求这些深思熟虑的人提供严密的论证来证明为什么明尼苏达州的政府、政治和社会能使他们找到有效的解决方法，然后质疑证明这些论证的假设的可靠性。因为大多数喜欢深思熟虑的人不一定愿意接受职业社会调查的准则，这一方法可行性不太大。

- 论证即使明尼苏达州具有某些独特的提出解决人事部门和一线部门问题的方法的能力，它也并不一定使用这些方法。这一方式的问题是喜欢深思熟虑的人不一定接受以下观点：提出方法的情况可能与适应该方法的情况不同。

91

- 寻找关于喜欢深思熟虑的人们认为比较平常的情况下发生的人事部门和一线部门之间的问题有效解决方法的信息。这一方式的问题是人们可以发现任何两种背景的不同之处。

这些方法的共同倾向是它们错误地判断了问题。当这些喜欢深思熟虑的人们的背景局限于某个地方时，他们就不太可能认为其他地方的经验是可以借鉴的。[6]在这种情况下，抱有偶然性思想的人们所需要做的就是用当地的经验来证明他们的论点。[7]当然这样做的一种方法就是提醒人们注意一项为大家所熟悉的当地的被改进的政府行为，并把它描述成解决问题的普遍方法，这样抱有偶然性思想的人就可以做一项与当地情况非常相似的解决人事部门和一线部门之间问题的假设，然后添加具体材料使之生动、可信。在这儿，明尼苏达州的经验就可以帮助他们进行假设，但不能在论证中明确引用。

不管抱有偶然性思想的人们认为哪种方法可行，它们都应该做好准备论证人事部门和一线部门的问题是由于可塑的组织文化、约束、鼓励和管理引起的，而不是由不可改变的因素如人的本性和个性引起的。这样，人们应该慎重地考虑解决的方法而不是抱怨。而且，抱有偶然性思想的人们应该能够找出问题，并找出有利于解决问题的一些思想。

6.2　问题归因于失职

可以用来描述人事和一线部门之间的问题的方法有许多。一种方法就是依照引起问题的一系列情况给出一个非正式定义，抱有偶然性思想的人走了另一个极端，他们认为持续的官僚模式是根本问题。根据听众和模式的不同，我们可以采取一种中间方式：根据适用于许多人事功能的术语来定义，而不是用很概括性的语言去定义，以避免具体问题被泛化。明尼苏达州人事部门的官员在弄清楚他们所要努力解决的功能性问题的模式后选择了这条中间道路。[8] 回顾过去，他们把出现的问题分成了三种不同的责任感的缺乏。[9] 不管他们间接还是直接利用明尼苏达州的经验，抱有偶然性思想的人们都愿意用相似的方法给问题分类。在一些情况下，问题是人事部门不能完全为主要投资者负责。在另外一些情况下，问题是人事部门应该对什么负责，而不是负责到何种程度。

未尽职

有三种不同的未尽职的情况。第一，人事机构在某些情况下没有对监督人员完全负责。比如，信息管理局（IFB）适用循环基金而不是拨款，却没有履行它的责任，一些州立法人员对此非常关心。第二，人事部门的行为没有对使用它们服务的一线部门完全负责。比如，一线部门抱怨它们服务差，费用却在升高。但是一线部门不可能从其他地方得到服务，也不愿保留对费用上升的不满。另外还有一个例子，不管是负责征兵还是测评的中央化人事行为，或为工作分类的行为，都没有解决一线部门主管人员问题。第三，人事人员没有对他们需要对之汇报的一线部门官员负责，也没有对中央人事机构的人员就他们的整体工作负责。

92

不管是一线部门官员还是工作人员关系处，都没有办法使人事部门官员对他们负责。

93 责任错位

在很多情况下，中心工作人员和监督人员不必要地承担了节省投入的主要责任。第一，许多内政服务部门认为它们自己而不是用户有责任选择适当地利用它们的服务。车队就是这样，它不能满足人们的需要，而且如果人们出公差时用自己的车可以得到补偿，尽管如此，它的规模依然很小，车况也不好。第二，一些人事部门没有鼓励一线部门节约地使用其服务。比如，使用全国声讯网时电信不收费，培训也不收费。同样的，财政部也不要求一线部门承担在融资时产生的利息费用，该费用由国家负责。第三，预算部门请一线部门计算并证明它们花费的合理性。然后再由财政部官员、州长和立法机关决定它们该如何节约。这样，一线部门就没有责任减少它们单位服务的费用，也不用为获得资金而努力做其他工作。

被错误引导的责任

在某些情况下，人事部门对他们职责范围的理解是很狭窄的。比如集中采购降低了商品的价格，但是正确对待并平衡以下因素才是更重要的：购买价格、终身使用费用、质量、供应商的可靠性和送货是否及时。中央人事部门进行实际工作的官员们认为他们的主要责任是拒绝一线部门的不合理要求，但正确对待并综合考虑及时性、公平性和灵活性等因素并且帮助一线部门解决他们的人事问题更为重要。一些进行管理工作的部门的责任就是执行规定和法规，但能够使人们自觉地遵守规定，并且分析管理政策的成本和效益更为重要。

在其他情况下，人事部门对于它们要求其他部门承担的责任的认识也是错误的。比如说，财政部门认为一线部门和内政服务部门应该作出好的计划。在现实中，如果机构用完拨给它们的所有费用，那么人们就认为它们的计划是成功的。如果用不完将受到惩罚，而不是奖励。同样的，如果由循环基金支持的项目在年底出现净收入的话，它们将受到财政部的批评。为了避免这种批评，这些项目就加大开支，以抵消意想不到的收入。

6.3 解决责任问题

解决这些问题的主要方法是寻求并实施对于集中的人事行为的改进的组织性策略。在每种情况下，人们都采取措施给予人事部门多种原因、激励和机会来满足客户的需求。把新的策略应用到实际中改变了以下领域的组织性管理：生产、营销、人力资源管理、财务管理、行政领导和政治巡查。在一些情况下，重新调整的正式的组织结构和法定权力的变化支持了这些策略。[10]

本章的其余部分将把组织策略的一些关键因素与个别的责任问题结合来谈。

加强责任的措施

● 监督人员的责任

对于监督人员来说，国务院内部的各种服务和管理行为可以用来解决未尽职的问题。由一些司法人员和陪审团所支持的管理层官员决定使信息管理局的工作面向一线部门，并单独成立一个由基金拨款、以监督人员为客户的信息政策办公室（IPO）。这些客户要求每个机构的信息管理决定对全国有益，他们还需要帮助以评估对信息系统的预算要求。

当一线部门成为其客户时，人事部门也需对监督人员负责。管理层人员对立法监督人员说，使内政服务部门对一线部门更加负责和分析检查循环基金的运行情况，要比在每隔一年的拨款过程中对整体运行情况进行仔细检查有效的多。

● 一线部门的责任

使内政服务部门对客户负责的必要条件就是由循环基金给它们提供资金。一线部门开始为它们接受的各项服务付费，比如工厂管理和管理分析。这种资金划拨方式能够使内政服务部门对客户的需求作出反应。需求增长就带来收入的增长，也就可以提供更多的资金。同样，需求的减少就会使内政服务部门可使用的资源减少。这种结构可能性使管理层更加认识到，内政服务的使命和任务就是满足直线部门对高质、合算服务的需求。不仅供应者和客户之间的关系支持了内政部门对一线部门负

95

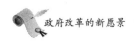

责的观点，循环基金也给日常应用带来了一系列表明操作和财务结果的事物，包括费用、收入、开支、净收入、保留收入和投资收益。

96 　　为了加强一线部门对客户的负责，我们必须去掉一些限制。比如说，车队已经不再被要求把车辆限制在 800 辆之内，而且鼓励它们与费用较高的私车补偿争夺市场份额。另外一个例子就是，为了满足客户对费率稳定的需求，取消了在计划循环基金时既不能积累也不能用尽的限制。而且还取消了内政部门不能倒闭的限制。

　　还有一个策略就是允许客户有更多的选择。这样，其他可替代的供应者们就可以参与到竞争中。比如说由于出现了竞争性很强的复印机，于是打印机在一线部门的使用大大减少。强制要求使用主流计算机也无法阻止一线部门购买微型计算机。在某种情况下，一线部门可以对外购买或向内提供包括维修打字机在内的服务。结果，打字机维修服务因不具竞争力而被迫取消，税务部门开始提供自己的信息服务。一些管理行为和代表一线部门整体的部分还限制着一些一线部门的选择。当中央内务部门是服务的唯一提供者时，每个单位的费用由客户组成的费率陪审团来审查。这一程序为一线部门提供了机会来确认他们的投资和花费是否得到客户的认可。

　　这些方法不是用来对一线部门采购和人事负责的，采购和人事还是继续由总体资金来拨款。在这些情况下使用的主要方法包括重新培育组织文化，重新制定规定并授权实际工作人员解决客户的问题。

97 　　● **直线部门人员的责任**

　　很多管理工作是由一线部门内部的操作完成的。一线部门的官员对实际问题比对管理更加熟悉。他们不知道如何使他们的职员很好地进行工作，为了解决这一问题，工作人员关系处的代表委员努力寻找提供给一线部门官员使他们有效管理自己部门工作人员的方法。同样的，IPO 的主任也帮助一线部门官员监督他们部门内的信息资源主管们。

改变责任的措施

　　最终，行政事务部公职人员关系部门和财务部门人员认识到由于 20 世纪末州政府极为复杂，人事和一线部门以及监督人员的关系系统并未很好地建立起来。特别是人事部门，一直在管理决定方面被要求承担太多责任。人们发现好像只有一线部门对他们所作的决定的经济或其他后果负责，州政府才能更好地满足公众的利益。这一观点对人事部门服务和管理行为的组织性战略有所影响。使服务行为把一线部门作为客户并为之负责这一策略，是建立在监督人员应在人事部门管理行为的帮助下使一线部门作出有效管理决定这一理论上的。因此总体来说，这些影响应该是同时发生的。但实际上这些影响却是依次发生的。在实施新的管理策略之前，必须先实施几年新的服务策略。[11]

- **服务行为**

用来使服务行为更好为一线部门负责的措施，也可以帮助一线部门更好地作出管理决定。第一，由循环基金给几乎所有的内政部门拨款有利于节约。比如，如果管理层在办公空间上的费用变大，投入其他项目的预算就会减小。第二，为服务行为提供循环资金并使其为客户服务这一策略，有助于把这些鼓励转变为有利的选择。比如，一项管理活动开发并向市场推出了一项相对便宜的信息贮存和检索服务，一线部门客户利用该服务可以减少大量办公空间，从而减少费用。第三，一线部门能不断接收到管理层相信它们应该知道如何在预算和拨款程序的约束下完成它们的任务的信息。它们发布这一信息是为了在心理上增强一线部门主管关于作出利用资源的好的决定的责任感。

- **管理行为**

IPO 人事到信息管理决定，可以有力地将一线部门更好地运作所需的压力转化为改进的操作惯例。为了实现它的这一潜力，IPO 决定应该由一线部门官员而不是专家来负责信息管理。为了鼓励一线部门官员学习如何将信息作为资源来管理，IPO 在对他们预算请求信息系统作评估时，应该考虑他们在战略性信息管理上表现出来的能力。IPO 培训一线部门官员让他们确认项目经理们能够利用专家们关于信息管理的专业知识。除了个人培训，IPO 还为领导一个组织进行战略性信息计划作指导。IPO 对被认为是好的战略性信息计划所产生的二次决定不发表意见。反过来，监督人员支持 IPO 的策略和它对与信息有关的预算请求的评估。

IPO 还要求一线部门负责修订和实施与国家信息政策相一致的战略性信息管理计划。为了增强责任，IPO 决定在心理上对一线部门的计划进行限制。IPO 的方法是授权一线部门官员整体制定全国适用的信息管理原则，并且在比较麻烦的情况下判断一线部门的单个计划是否违反了原则。

最终，使一线部门负责作出好的管理规定的做法也延伸到了预算过程中。州长和立法机关领导不断地执行不令人羡慕的政治任务：拒绝一

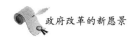

线部门的要求，他们认为各个机构没有节约资金的动力是一个大问题。解决该问题的另一个方法是要求那些希望得到最多资金的政府部门，承担为他们拨款而发行的国家债券的大部分利息。

同时，财务代表们告诉州长说预算程序不能使各个机构提高效率和改进整体运行情况。相反，这一程序使一线部门把注意力放在使他们的开支合理化上。财务代表建议主管官员对部门主任进行指导，告诉他们应该在不加大开支的情况下取得好成绩，而不是一味增加开支。在 1990 年大选中，民主党州长失利，在此两个月前曾发布了一系列的预算指导。继任的共和党州长接受了这些指导。

扩大责任的措施：从监督到解决问题

人事部门的官员们寻试图重新修改中央人事采购的任务、使命、惯例的新的模式。人事部门的新的使命，是使一线部门在遵守为实施如择优选举、集体定价和自信行为等政策而制定的不断发展的规定的同时成功地运作。重新组织的人事行为的新任务是把一线部门主管作为客户，并使他们有效地参与到确定和解决与人事有关的问题中去。新的任务和使命可以转化为两个新的惯例。比如，为了使一线部门主管很好地与一线部门专家沟通，工作人员关系处为他们出版了一系列指导书。而且，在人事部门内部新建机构的工作人员，通常就某些比较麻烦的问题与其他人员或主管进行小组讨论。

旧的采购任务是尽量在对供应商公平的前提下节约纳税人的钱。在经过反复思考后，它的任务被定义为：以最合理的价格，从可靠的供应商那里，在要求的时间内，按照有关法令，以道德和专业方式，购买最能满足客户质量需求的商品和服务。[12]在这一定义中关键的操作性概念是客户的质量和时间要求。新任务的补充即修改中央采购这一规定。新使命的中心思想就是在不断扩大的规定和法律前提的限制下，正确对待并平衡以下因素：产品质量、供应商可靠性、购买的初始价格、维修费用和送货时间。原来的使命是尽量降低购买的初始价格和减少风险。新的使命的另一中心思想，就是集中购买需要在全国范围进行和需要专业知识的商品。为了完成新的任务和使命，通常使用的方法已发生了很大变化。一线部门通过当地采购部门进行购买可以节约费用；采购部门定期去它们的客户那里；采购时使用生命周期费用；在采购非传统性商品如微机时，适用不表明质量的合同。

100 (左侧边注)
101 (左侧边注)

改变文化

或许对限制、鼓励和常规模式的每一个改变都会引起人事部门和他们组成部分的改变。这种变化不仅改变日常活动，而且影响思维方式。每个变化都伴随着一些争议，而且大部分争议都会给一些我们熟悉的概念如客户服务、市场营销、领导和竞争，带来新的含义。一些官员、主管、经营者和监督人员对人事、一线部门关系的看法与80年代末已有很大不同。[13]表6—1表明了一些新的组织性文化与慢慢消失的旧文化之间的不同之处。

表6—1　　　　　　　　　　组织文化方面的差异

新的组织文化	旧的组织文化
关注应该如何做和能否做	关注过去如何做事
关注帮助客户和/或照章办事者解决问题	关注系统的运作和寻找拒绝帮助别人的理由
关心客户和公共政策	关注现存的规则和技能
关心成本的净收益	关注投入的大小和成本
关心人及其工作关系	关心角色和责任

注　释

[1] 为可能主义者的论点补充上来自明尼苏达州案例的资料，想要达到的结果是不可接受的。然而，在 Charles E. Lindblom 有见地且经过深思熟虑的判断中，对这种想要的结果作了深入的研究。请参阅 *Inquiry and Change：The Troubled Attempt to Understand and Shape Society* (New Haven, Conn. ：Yale University Press, 1990), 17-44. 只有假定研讨者能够接受高级可能主义者的论点，这种意愿才能得到深入的研究。如果研讨者能够经过深思熟虑再作出判断，那么听到补充了所提资料的可能主义者的论点后，他们在所处环境中遇到的一些麻烦情况，就可以被定义为"现实"了。那这一章的目的就达到了。

[2] 这个策略是关于解决社会问题和制定改革计划的传统思想的延续。请参阅 Charles E. Lindblom, "The Science of Muddling Through," *Public Administration Review* (Spring 1959)：79-99；Charles E. Lindblom, "Still Muddling, Not Yet Through," *Public Administration Review* (November-December 1979)：517-

526；Warren G. Bennis, Kenneth D. Benne, Robert Chin, and Kenneth E. Corey, eds., *The Planning of Change*, 3d ed. (New York: Holt, Rinehart & Winston, 1976)；John Friedmann, *Planning in the Public Domain* (Princeton, N. J.: Princeton University Press, 1987)；Garry D. Brewer and Peter deLeon, *The Foundations of Policy Analysis* (Homewood, Ill.: Dorsey Press, 1983)；and Donald A. Schφn, *The Reflective Practitioner: How Professionals Think in Action* (New York: Basic Books, 1983).

[3] 我们有这样一个印象，即使是最乐观的政策分析家和项目管理者，当他们考虑大部分人事职能的问题时，都会对改革产生悲观情绪。例如，可参阅 Gordon Chase and Elizabeth Reveal, *How to Manage in the Public Sector* (Reading, Mass.: Addison-Wesley, 1983). 我们还有另外一个印象，这种情绪在国家政策学院是很普遍的。我们推测，国家政策学院和行政管理学院之间的长期隔阂，就是导致这一情绪的原因，也是这种情绪导致的后果。

[4] 当明尼苏达州属于受访者参考群体时，这种假设是合理的。根据经验来研究改革的推广，事先就为判断明尼苏达是否属于可能主义者参考群体的范围，提供了标准。这项研究的一个著名的例子见于 Jack L. Walker, "The Diffusion of Innovations among the American States," *American Political Science Review* (September 1969): 880-899.

[5] 讨论的目的，是证明德国移民多于北欧移民的事实，同人口加速异源化的事实是没有关系的。

[6] 关于四海为家与固守家园之间的区别，请参阅 Charles H. Cooley, *Human Nature and the Social Order* (New York: Scribner's, 1902).

[7] 在某地引入改革，从社会学意义上讲，即使该地没有多少四海为家的人，也是件能引起关注的事情。我就 Michael Barzelay, "Managing Local Development: Lessons from Spain," *Policy Sciences* (November 1991): 271-290 一文中提出的难题，做了一定的研究。我的结论之一是：只要与其实际经历有联系，或者能阐明他们的经历，人们就能够理解那些不熟悉的资料和论点。

[8] 到 1986 年时，方法已经非常明确了。行政长官决定编写并发表 "A Strategy for Funding and Managing Department of Administration Activities" (appendix 1).

[9] 这种分类方案，使用了对监督者、主管、管理者、操作者极有意义的"责任感"这一概念。强调责任感，将使研究者综合考虑组织文化、约束力、鼓励与常规等各因素相互作用的结果影响，而不只是使研究者仅仅考虑激励因素的影响。关于机构内部激励对人的行为准确但有限作用的讨论，请参阅 Herbert A. Simon, Donald W. Smithburg, and Victor A. Thompson, *Public Administration*

(New York: Knopf, 1950); Charles Perrow, *Complex Organizations: A Critical Essay*, 2d ed. (New York: Random House, 1986); and James Q. Wilson, *Bureaucracy: What Government Agencies Do and Why They Do It* (New York: Basic Books, 1989).

［10］有许多关于私营部门策略和结构方面的著作。

［11］关于按顺序解决问题潜在的合理性，请参阅 Albert O. Hirschman, *The Strategy of Economic Development* (New Haven, Conn.: Yale University Press, 1958). 与此相关的对目标持续关注的概念，请参阅 Richard M. Cyertand James G. March, *A Behavioral Theory of the Firm* (Englewood Cliffs, N. J.: Prentice-Hall, 1963).

［12］James Kinzie, "From Economy and Efficiency to Creating Value: The Central Purchasing Function," paper presented at the Conference on Managing State Government Operations: Changing Visions of Staff Agencies, John F. Kennedy School of Government, Harvard University, June 19-20, 1989.

［13］另一种的途径是，用人事机构的新的使命、要求、管理原则的发展来描述文化变迁。这些将在第 7 章讨论。如果喜欢历史的传承更甚于喜欢新兴事物，那么有一个很好的描述文化变迁的方法：将 18 世纪和 19 世纪关于个人理性和社会理性之间关系的两股思潮复活，须知这两股思潮是被排除在官僚制改革理念之外的，它们关注的主题是利益本质属性和综合利益的原则。那种虚伪的利益本质的原则在人事机构文化中已开始走向没落，但还未完全消失。有关这些背景，请参阅 Elie Haélvy, *The Growth of Philosophical Radicalism* (London: Faber and Faber, 1928).

第7章
管理以顾客为中心的人事机构

　　一旦我们接受了可能主义者有说服力的论据认为行政与一线部门之间不断出现麻烦是一个问题时，他们会进一步要求可能主义者回答"应该采取什么措施呢？"在此情况下，可能主义者应该弄清楚：是直接告知他们做什么，还是建议首先重新思考他们在人事机构如何保证公共政策的实施问题上的信条更能促使他们有效地解决问题。如果可能主义者断定第二种领导策略更加有希望，他就会选择帮助其读者审慎思考人事机构管理的后官僚制原则的意义和好处。[1]

- **管理人事机构的若干准则**

1. 分散责任以作到经济和服从

经济　想一下完成政府管理工作所需要的一切投入：雇员的工作付出、清洁完善的办公空间和工作场所、培训费、旅行费、印制文件花销、办公供给、文件橱柜、管理咨询、电脑编程、数据处理、数据库管理、声音和数据的电讯交流、电子邮件等，这些也只是其中的一部分，随着管理复杂组织所需工具的增加，投入的清单也越来越长。

谁应该负责经济地使用这些投入呢？一种选择是把这个责任交给一个中央计划者。你敢说美国没有过这种做法，那么让我们来听一听在20世纪40年代早期，莱斯利·格莱福林（Leslie Gravlin）这位明尼苏达州
首任政府委员是如何描述他的使州政府既经济又高效运转的措施的：

> 政府专员控制所有预算活动，控制季度分配体制的运作，负责供给品、设备和服务采购，处理所有电厂的监管和所有部门公共报告的修改。他还负责监督公共建筑的设计、建造、修复和完善。由他签署所有合同并制定有关旅行花费的规定。他同时还负责州政府建筑和场地的维护，他是所有州属设备的看守人、管理人而且必须保有一份有关州财产的永久的财产目录。他还操控着一台中央油印

机、商店以及邮件服务……实际上，这位政府专员就是州的商业经理。[2]

这份工作描述听起来十分古怪，不仅是因为除了法律问题之外，这种让机构领导全权负责所有业务的做法不再是惯例，还因为格夫林的观点（明白一点说即事无巨细都由州管理者控制）即使在莫斯科也不会有支持的声音。[3]苏联领导人早就发现应该改革他们的政治经济体制以适应如下现实：当每个工作单位而不是中央计划者来承担节约的责任时，生产机制能创造更多的单位成本净价值[4]，认为美国人接受同样的现实遵循同样的原则当然也不过分。实行节约的责任不应该仅仅给予人事部门而应该给予政府里的所有工作单位包括一线机构。[5]

服从　作为一个实证结论，在政府这样的复杂组织中，其服从程序 *104* 使得所有层次的人员为了应付多方控制必须作出频繁而又重大的选择，例如一线机构的管理者需要判断主要行政长官的财务指导、标准会计准则和信息政策在它们的上下文中意义如何，监督人员应该让谁负责在各种使政府的异质行为与管理政策相一致的方案中作出最好的选择。一种可能是让同时期的财政管理者即人事部门（例如财政管理部门）负责，但是人事部门不能断定一线部门如何才能最佳地服从管理政策，同样人事部门也不能断定单个一线部门一年的投入消费是多少。如同作出良好的资源决策一样，进行良好的服从决策也需要对不同情况下各种替代方案的实施后果有精细而可靠的判断[6]，除非人事部门变得和一线部门一样庞大复杂——这被认为是不可忍受的，否则人事部门就缺乏相对优势来作出这些判断。如果监督者不否认在服从过程中必须进行大量选择这一事实[7]，那么一个更有吸引力的可能性是把服从和节约的责任给予政府中的所有工作单位，包括那些在一线部门领导下运行的机构。

对行政机构职权产生的影响　实际上，官僚政治的改革者要人事部门承担以下的使命，接受以下的授权：[8]通过在所有管理方面履行其权威来解决高度相关的效率低下、玩忽职守和政府腐败问题。特别是不偏不倚地负责管理财政预算、财务、采购和人事体系。尽可能垄断除从卖主采购之外的所有投入品的生产，利用与法律、事实、专家、政策和公共利益相关的手段为人事部门的角色和特定的行动辩护。

上述普通的责任不仅是源于工业时代人们对"集中带来高效"的深 *105* 信不疑，还因为在激进的年代人们相信为了解决一个或一套高度相关的问题必须指定一个权威机构来承担此项责任。以当代主流观点来看，以

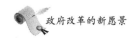

这些信条为前提所提出的授权是可疑的[9]，仅有人事机构自身是无法有效完成经济而高效地使用稀有资源和保证运作符合标准这些功能的，人们所经常设想的使一线机构服从人事机构的单边控制也无法完成这一使命。要想较好地实现这些功能，人事机构和一线部门应该相互协调而不是单方面调整，因此，人事机构的基本职责应该是：有效参与各种相互作用的决策和生产流程，通过这一过程使得诸如消费者对公众服务满意、每单位服务成本、对管理程序感到满意这些政府运转成果得以实现，机构行动的预期结果应该是这些成果不断得以改善。要运用有关指导政府工作的独立的管理性政策为自己的行动辩护。

中央人事机构如何履行这个责任呢？以下原则是关于这个问题的几点思考。

2. 把工作定义为提供服务

当人事机构的行政长官、管理者、职员在履行官僚政治改革者所提出的责任时，他们将工作传统地定义为：实施权力、遵守规则、执行预算和称职地完成任务。对于那些与 19 世纪的美国所遗留下来的管理混乱、专断和管理不当作斗争的人们来说，这一定义是很有意义的。

但是根据规则、任务、权威、预算来对工作下定义有许多负面影响。[10]第一个后果，当一个组织将注意力集中在用以完成其设想职能的手段时，由于所有的实际目的，往往使这些手段成为最终目的，而且，当一个组织的目的和手段完全充斥同样内容时，他的成员会失去对有关改进工作表现的思想进行分析和评价的意愿和能力。第二个后果是把焦点集中于履行权力和执行任务上会导致单边调节各自为政，从而低估了解决问题的过程中通力合作的重要性。第三个后果是当身份、地位、愉快这些东西可以直接从对财政和人力资源的控制中获得时，节约使用资源的努力不会得到应有的奖励。第四个后果是：人们对用官僚用语描述的工作所具有的价值越来越产生了质疑，在这样的社会中，人事机构成员作为公共利益捍卫者的形象与以前相比弱化了，可以预见，士气、精神、责任和表现会不断下降。

把职能机构的工作定义为提供服务有两个主要原因。首先，结果变得富有意义。当工作被定义为提供服务而不是执行任务、实践权力和消耗金钱时，雇员和监督者能够获得对行政部门工作成果的最真切的感受评估，这种对工作最贴切的理解是使用者提供并消费一件无形产品。在一定程度上，通过使用诸如服务单位、服务水平、可察觉的服务质量和服务单位成本净价值这些概念，可以对这些成果进行度量和分析。一旦雇员认识到他们的工作是创造产出，他们就会严格认真地检查他们现有的工作方式是否有其他潜在的用途和功能。

其次，相互协调变得有价值。究竟是谁提供服务，无论使用者是填表、排队还是接受服务，他们都和服务提供者一样参与了生产过程。当雇员意识到他们和使用者是合作关系时，他们的注意力就会集中在如何使他们的相互作用的工作关系达到最优化的问题上，从而进一步使人事部门雇员把其工作价值定位在改善工作关系和优化协调过程上，而不是以前传统的把价值定位在描述角色和责任以及一线部门对人事部门的单边协调上。

3. 仔细辨明顾客身份

享受职能部门所提供的服务的使用者中，有一些并不是客户。最重要的不应该视为顾客关系的供应商/用户关系存在于诸如明尼苏达州信息政策办公室（IPO）这样的督察组织中。虽然信息政策办公室的培训和咨询服务的使用者是一线部门的行政长官和管理者，但是把他们视为顾客不仅会扭曲州政府与法律监督者的工作关系，还会歪曲"客户"这一词汇的含义。信息政策办公室向一线部门提供服务的目的是促进他们服从全州范围的信息管理原则和向监督者提供他们所需的旨在使全州各个一线部门高效运转的管理信息。信息政策办公室与监督者之间是客户关系，而与一线部门之间是服从关系。总之，因为使控制活动为一线部门提供服务的目的是帮助这些使用者服从标准或满足管理者的需要，监督者应该被视为客户，而一线部门应该视为服从者。

遗憾的是，那些应被视为服从者的个人和组织，例如个体纳税者，却常常被视为客户。把那些应服从标准的人视为客户的潜在后果包括错误宣传服从型组织的主要目的并且使得"客户"这一概念在被正确使用时的观念力量削弱。怀有良好初衷的公共官员之所以如此频繁地违反第三个原则可以用如下事实加以解释：大多数官员还没有能够从观念上区分"服务导向的方法"（例如把服务管理的原则运用于服从过程）和"把组织目标定义为向客户提供服务"（例如管理完善的服从程序的预期受益人）。两者的区别可能依然模糊，因为负责引导从事质量管理和消费者服务的公众经理人深刻思考是什么使政府有别于私人部门这一古老命题的那些人，保持了可以理解的沉默。虽然模糊公共/私人区别是为了某些确定的目标，但是培训者和被培训者都不能忽视服从活动所固有的

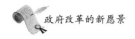

确定目标和工作关系。（更一般地来说，当他们把典型的生产和服务型企业中私营部门的观念适用于政府工作时，任何方面都必须更具有创造性。）

通常，应由人事部门决定其客户是监督者还是一线部门。[11]一旦理解恰当的消费者观念被视为有价值的管理工具，某些选择就变得容易多了。把监督者视为诸如中央预算、审计、财政、政策计划和信息政策活动的客户这一观点的理由，要远远要比把一线部门视为客户的理由充分。把一线部门作为投入产出和投入供给活动（例如电讯和数据处理）的客户的观点也同样具有说服力。然而在许多情况下，判断监督者和一线部门是不是客户却需要仔细推理和认真思考。

来看一下管理分析部的情况[12]，传统上，该部是由监督者召集来研究表现欠佳的部门并提出补救措施的一个机构，立法者的非官方授权包括提出批评和建议。[13]因此，把监督者视为其客户的理由是强有力的，但是这一观点也受到了另一观点的质疑和反对。另一观点认为：该部也可以通过在自愿基础上向一线部门提供高水平的咨询服务来促进公共政策的实施，有证据表明许多一线部门更愿意与管理分析部而不是咨询公司合作，这一观点意味着一线部门应该被视为客户。在这种情形下，两种观点的冲突可以通过在主要服务单位层次上使用客户概念得到解决，这样，"一个人事部门应该把监督者和一线部门其中之一视为客户而不是两者同时"的规则就出现了合理的例外，人事部门的客户可以是监督者也可以是一线部门，这完全依赖于提出要求的是哪个部门。

采购和人事分配是控制和服务活动相统一的中间环节，其范围大到审计，小到打字和修理。两者对原材料和劳动力这两种关键性投入都有巨大影响，但是并不直接生产它们。把监督者视为采购和人事活动的客户的主要理由是，这些部门在使一线部门遵守两个领域中全州范围的规范的过程中起着重要作用。从历史上看，它们的作用的确是卓著的。把一线部门当作客户的主要理由是，政府行为的主要目的应该是服务于单个和集体一线部门，而且一线部门应该有权力按照标准自己解决它们的采购和人事问题。这其中，关键问题是把一线部门作为顾客是否能够在人事部门和一线部门之间建立起可以满意解决部门采购和人事问题的工作关系。虽然缺乏足够的科学证据，但明尼苏达州的经验表明：把一线部门而不是监督者视为采购和人事活动的客户更有可能产生满意的解决方案。[14]

4. 对客户负责

一旦人事部门的客户被认真确定之后，部门行政长官、管理者和工作人员以及监督者和客户都应该认真思考供给者/客户关系究竟意味着什么。如果各方对客户关系有共同的理解，那么这种思考将比对客户关系有不同的理解时更具有成果。[15] 客户关系是一种相互调整的工作关系，其中供给者的主要目的是满足用户的需要。[16] 在一个典型的客户关系中，用户认为供给者为履行上述目的应该对其负责（有可能对其他方面负责），而供给者也认识到应该如此。构建客户关系的定义有另外一个关键假设：通常，客户对某服务满足其需求程度如何的判断是准确可靠的[17]，因此，判断供给者履行其提供服务的程度如何的关系最密切的信息和证据，就是使用者对服务质量和价值表述出来的评价。[18]

当一个人事部门把一线部门或者是监督者作为客户时，它的雇员就应该像对待客户一样对他们负责。这样说并不意味着人事部门应该以"消费者永远是对的"为自己的生命，而是说一个人事机构的工作应该以上述的消费者关系的关键性假设为基础，除非有很有说服力的证据表明上述假设有可疑之处。当一个人事机构真正做到对客户负责时，其雇员的精力会完全投入到这些假设和论据推理之中，结果使得用户评价对他们来说成为至关重要的因素。当客户的反馈是积极的时候，一个真正负责的供给者能感受到一种成就感，而当反馈消极时，他或她就会感到有改善用户评估的压力。[19]

集体性客户 控制活动的客户包括立法者，当立法者作为自己所属集团的代言人时，他们才是客户。因此在立法这个例子中，对集体客户负责所面临的挑战是集团中某个人的反馈是否代表整个客户的反馈，应对这一挑战所需的工作叫作政治管理。[20]

集体客户的观念对于澄清人事部门和下线部门关系的各个方面都具有相当价值。例如，管理公共事业的服务机构会说它们对一线部门行政长官组成的集团负责，因为这些人将审阅它们的价格、投资、费用开支和财务计划。把这种集团视为客户的主要原因是，这么做可以突出公共设施公司的管理人员和人事部门行政人员帮助集中和平衡分散的单个一线客户利益的必要性。反对这么做的观点认为：公共事业公司雇员包括操作层面的雇员，会感觉到忽视由单个客户所提供的顾客反馈意见是有道理的。

其他利益相关者，说某个人事部门应该像对客户一样对一线部门或

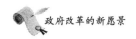

者是监督者负责，并不表明他的雇员不需要再对任何其他人负责。[21] 确实，在某些特定的意义上，人事部门应该对每一个利益相关者承担责任。例如，内部服务就应该把立法机关作为监督者而对其负责。[22] 为了避免误解，人事机构的行政长官和管理人员应该花时间仔细确认并精确传达除了他们的客户外，在哪些方面他们应该对利益相关者负责（说明这一点时，我们当然不想听见有人说：不要如此关注对客户负责的内涵）。

5. 将服务与控制分离

在集权式的人事部门里，服务和控制这两种相互竞争的职责常常被同一个工作单位所承担，这种组织结构的问题在于，指导控制关系里人类活动的价值体系会削弱指导服务关系里人们活动的价值体系。如果一个组织的文化中包含相互竞争的价值体系，其雇员就会混淆他们工作的性质和目标，由于存在这种激励和行为问题，所以不能让一个组织既服务于一线部门又服务于监督者。

把上述原则运用于信息管理，州政府的行政长官和立法者同意创立独立的信息政策办公室（IPO），并把信息管理部（IMB）的控制责任委托给信息政策办公室承担。如果把该规则适用于中央采购，那么早就应该设立一个独立的单位，由它确保当一线部门进行本地采购时他们的行为符合全州的规定和标准。

一个有趣的问题是上述规则对于整个人事部门或是行政分部的组织结构究竟意味着什么。一些人认为，机构领导例如管理委员会主席不应该同时负责服务和控制活动，这一论点延伸了上述原则。高层管理人员比一线雇员更有条件来处理、平衡和集中相互竞争的目标，在高层管理中将服务与控制分离的观点不应该以此原则为基础，而应该建立在第五项原则的上下文相关的解释中。

6. 让客户向服务提供者提供资金

这一原则的根据简单来说就是，如果双方的关系中涉及为服务而作出的支付，那么客户就更有权利要求供给者满足他们的需要。客户权利对于供给者和用户的心理和动机影响常常是十分显著的。这一方面是因为对交换关系内涵的共同理解，另一方面是因为建立起了资源依赖关系。即使是人事部门的活动没有直接竞争者，通过让客户向供给者付款的办法，为客户提供良好服务来创造价值的决心还是会大大提高。付款的客户可以轻易地通过增加替代品的消费或者是改变自身需求来影响供给者的收入来源，一线部门可以利用各种消费决策来最大限度地施加这种影

112

响，而监督者可以通过预算分配和拨款来直接达到目的。因此，控制活 *113* 动应该由一般基金提供资金，而服务活动应该由向一线部门提供服务的收入提供资金。

州政府决定用一般基金向雇员扶助服务项目提供援助是一个可以接受的例外。这么做的主要目的是鼓励客户充分利用这一资源，而不是节约使用它。[23]

排除例外　上述规则的另一个例外是由一般基金拨款支持的中央培训项目，雇员关系委员会的主席认为，如果这个项目由周转性借贷基金支持，那么提供的内部培训服务就会按支付能力分配而不是按需分配，由此造成的机构间的培训差异是难以接受的。

这一观点是没有说服力的。首先，主席的假定，也即雇员关系委员会能够比一线部门更好的判断所需的由州政府提供的培训数量是值得怀疑的。原则上，以服务付费为基础的对雇员关系委员会所提供服务的有效需求要比以财政拨款为基础的有效需求完善，因此主席的理由违反了第一项原则。其次，在监督者偏好利用分配方法使用内部培训服务的这种值得怀疑的假设之上，上述目的依然可以在不违反第六项原则的条件下达成（例如，通过消费补贴计划）。[24]

作为一个经验事实，一线部门已经表明他们希望使用比雇员关系委员会在一般基金基础上所提供的内部培训服务更多的服务，而且用户已 *114* 经准备承担由此增加的成本。联系到第一项原则，这一信息表明投资于培训是一线部门履行其使命的有效方法。而且由于一线部门可以向外部购买培训服务，所以雇员关系委员会在提供此类服务方面具有比较优势。如果雇员关系委员会违反第六项原则，那么谁将从中获得好处呢？是培训服务的提供者，不是一线部门，不是客户，也不是纳税人。因为在内部培训服务上搞例外是站不住脚的，这一点已经在其他领域被证实。[25]

注　释

[1] Eugene Bardach 在 "From Practitioner Wisdom to Scholarly Knowledge and Back Again," *Journal of Policy Analysis and Management*（Spring 1987）的 188~199 页提出了有效原则的概念。根据 Bardach 的说法，"一个好的原则，能

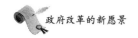
够帮助管理者理解他或她所生存的,复杂并经常充满危险的世界……一个'坏'的原则,并非是'错的',而是不能使人获益的,或是容易把人引入歧途,它会使人们把注意力从重要的方面转移到不重要的方面。然而,这并不意味着一个好的原则就不能存在例外的情况——只不过是这些例外完全不值得被清楚地表达出来。"

[2] Leslie M. Gravlin, "Economy and Efficiency Effected through Reorganization of the Minnesota State Government" (n. p., n. d., Mimeographed), ca. 1942, 4-6.

[3] 支持州商业管理者的观点,也即认为中央集权对于经济的高效的产品的提供是必要的观点,不仅能在刚刚引用的那一段文章中找到,在 1941 年明尼苏达州共和党中央委员会妇女部 Leslie M. Gravlin 的讲话中,也可以找到。讲话名称是 "The Department of Administration: Its Place in Minnesota's State Governmental Organization," 该讲话收录在 *Information Please Series: Know Your Minnesota Government* (St. Paul, March 1941).

[4] 有关命令体系和市场体系有无能力的比较,请参阅 Charles E. Lindblom, *Politics and Markets: The World's Political-Economic Systems* (New York: Basic Books, 1977), 65-89. 有关节约定义的权威分析,见 Robert A. Dahl and Charles E. Lindblom, *Politics, Economics, and Welfare*, 2d ed. (Chicago: University of Chicago Press, 1976).

[5] 这一观念应该摒弃,它认为对各分支机构的责任和威权的集中化会产生一个更加经济和高效的政府。这一信念会为专员的行为扩张到新领域提供合理性论证。例如,在经济萧条时期,内部服务被用来减少分支机构投入费用。建立了一个中央车辆调配场,购买供本州使用的车辆需经过详细的审查,建立了该类车辆的使用报告;电话、电报和照明等设施的提供,实行了中央集权。在 60 年代,数据处理也实行了中央集权。

[6] 在资源消费决策方面,有关的本论点的一个典型陈述请参阅 F. A. Hayek, "The Use of Knowledge in Society," American Economic Review (September 1945): 519-530.

[7] Herbert A. Simon, Donald W. Smithburg, and Victor Thompson, *Public Administration* (New York: Knopf, 1950), 534.

[8] 下面的论述,既适合于同典型的授权的概况相类似的系列,也适合于同组织使命相类似的系列。不管是组织授权、职能领域的授权还是职位的授权,术语 "授权" 一个公认的普通定义是:为了完成一个具体的目标,雇佣权力和财力,以达到预期的目标和条件。有关于此,可参阅 David A. Lax and James K. Sebenius, The Manager as Negotiator (New York: Free Press, 1986), 263. 使命的

定义是：能够普遍理解的组织意图的清晰表达，以及组织真实的对内和对外承诺。有关此方面，可参见 Philip Selznick, *Leadership in Administration: A Sociological Interpretation*, rev. ed. (Berkeley: University of California Press, 1984), 65-74.

[9] 在他的职业生涯中，Charles E. Lindblom 一直在批判这种思考习惯。例如，在 *Democracy and Market System* (Oslo: Norwegian University Press, 1988), 139~170 页收录的他在 1955 年发表的 "Bargaining: The Hidden Hand in Government." 还可参阅 Albert O. Hirschman and Charles E. Lindblom, "Economic Development, Research and Development, and Policy Making: Some Converging Views," *Behavioral Science* (April 1962): 211-222; Charles E. Lindblom and David Braybrooke, *A Strategy of Decision* (New York: Free Press, 1963); Charles E. Lindblom, *The Intelligence of Democracy* (New York: Free Press, 1965); and Charles E. Lindblom and David K. Cohen, *Usable Knowledge: Social Science and Social Problem Solving* (New Haven, Conn.: Yale University Press, 1979). 就我所知，Lindblom 从未将这种思考习惯直接上升到官僚政治改革或更为普遍的进步观点的高度。但是，他有时会把它上升到政策分析方面科学的解决问题的范式的高度。

[10] 在下面的论述中，我假定结构的概念已经被理解了，而且这种理解对行为将产生影响。

[11] 我们把此看成是巴德克的观念中一个可靠的规则。该规则无须具体应用到人事部的工作单位中，其中的某些单位出于"有用"的考虑可能把市民和私有公司（例如求职人员和供职人员）看作是顾客。

[12] 这一段是讨论关于由科学管理运动所引起的，当代明尼苏达州对中央集权组织的看法。

[13] Interview with Terry Bock, director of the management analysis division, cited in Pamela Varley and Michael Barzelay, "Striving towards Excellence in the State of Minnesota," C16-87-737, John F. Kennedy School of Government.

[14] 法则 3 是应用到人事职能整体上的，而不是应用到它的所有组成部分上。在购买和人事职能中，建立一个控制导向的工作单位，例如，一个负责审核分支机构地方购买权的工作单位，应该是一个好主意。

[15] 我们定义术语"顾客关系"的方法，突出了该术语在来源领域——商业关系社会方面的意义，这样有助于理解，也有助于在人事/分支机构/监督部门之间关系的目标领域内有目的地行动。因此，下面的定义应该由"用户是供应商 A 的顾客"这句话的最重要的暗含的意思构成，而不是一些典型的客户服务关系的特点的罗列（例如，这些典型服务关系包括自愿的用服务交换金钱）。该方法

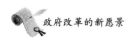

的合理性的自认知科学，就像 George Lakoff 在 *Women，Fire，and Dangerous Things：What Categories Reveal about the Mind*（Chicago：University of Chicago Press，1987）中解释的那样。

［16］Peter F. Drucker 在 *Management：Tasks，Responsibilities，Practices*（New York：Harper & Row，1973），61 页中指出：组织的意图位于组织之外。有关为顾客服务的目的本质，请参阅 Thomas J. Peters and Robert H. Waterman, Jr.，*In Search of Excellence：Lessons from America's Best-Run Companies*（New York：Warner，1982）。

［17］有关此谨慎见解的正反两方面最细致的分析，请参阅 Frank H. Knight，"The Ethics of Competition," in his *The Ethics of Competition*（New York：Harper & Row，1935）．有关精明且经过深思熟虑的判断或决断的概念，以及与解决社会问题的关系，请参阅 Charles E. Lindblom，*Inquiry and Change：The Troubled Attempt to Understand and Shape Society*（New Haven，Conn．：Yale University Press，1990），17-44.

［18］该假定无须切合于委托关系。委托关系和顾客关系不同，在是否适合用户的需求方面，提供商做出的判断，同委托人自身的判断相比，往往会被看作更为恰当的资料。用顾客观念替代委托观念的一个原因是，提醒提供商和用户注意本书中做出的结论。

［19］这个关于义务的定义，为那些诸如职责和责任的经典概念，添加上了一些心理学成分。对这些成分的赞赏，在 Bernard Rosen 对该不同传统的概念解释中表现得非常明显："作为监督正常部分的履行义务，既不容易也不必然，原因是义务包含在其他事物中，是一种精神状态。那些个体雇员，例如技师、专业人员和管理人员们，是否认为他们的工作有意义？他们是否以自己的工作为荣？如果如此，他们更乐于感到有义务，并且有强烈的愿望去理解什么是所期待的，进而去实现这些期待"（重点）。请参阅 *Holding Government Bureaucracies Accountable*，2d ed.（New York：Praeger，1989），34. 值得注意的是，Rosen 并未论述顾客的责任，只是指出了管理的方向和检查，预算过程，内部审计以及各种形式的外部评定。

［20］大概，在那些安排资金的附属委员会主席们的观念中，控制行为更多是根据顾客的需要和满意与否，而不是根据那些与监督人事机构没有多少关系的少数派政党的幼稚的立法委员的意愿。于是在这两个极端之间，就需要一个判断。与政治管理相关的一类工作就是，整合并平衡主要管理者和立法委员之间的利益。一般可参阅 Philip B. Heymann，*The Politics of Public Management*（New Haven，Conn．：Yale University Press，1987）。

［21］产生这个看法的原因是组织信息的接收者经常错误地认为，一个肯定

的信息，一定孕育着更多的否定形态的陈述。例如，"当社会保障总署通过医疗表，来联系那些特定的没有医疗条件的人时，这看起来也像是联系着一个含蓄的否定：医疗表中条件不满足的人，被假定成有能力的。尽管社会保障总署多次设法去消灭这种观念，但它一直存在着。"以上出于 Jerry L. Mashaw，*Bureaucratic Justice：Managing Social Security Disability Claims*（New Haven，Conn.：Yale University Press，1983），66.

　　[22] 这个独特的关系所应承担的是与审慎的考虑和政治管理相关的事情，就像在第 3 章中企业管理策略那部分描述的那样。

　　[23] See appendix 1，part 2.

　　[24] 既然立法机关允许分支机构从私营提供者那里购买培训服务，那么说服雇员关系命令中包括提供配给性的培训服务，以使得这个领域中有一个人人平等的结果，将是一件困难的事情。此外，在 1983 年冻结之后，政府一般不支持给特定的外面输入的东西提供配给性管理政策。

　　[25] 美国人事管理办公室在使用周转基金为联邦机构提供财政训练服务方面，已经有了长足的进步，并取得了显著的良好成果。以上引自 1990 年 11 月，对美国的人事管理办公室助理主管 Robert Agresta 的访问。

第8章

后官僚制范式：历史的观点

在人们努力改进政府运作过程中，越来越多地使用了诸如顾客、质量、服务、价值、鼓励、创新、授权和灵活性等词语，这表明了官僚制范式已经不再是美国政府管理中唯一主要的观点和论据了。[1]为了追求卓越的政府绩效，有些人主张应该放松对政府的管制[2]，而另一些人却主张应该重塑政府，重塑政府这一概念鼓励美国人关注在一系列公共活动中所发生的显著变化。[3]作为对传统思想的一种挑战，许多政府部门都花费成千上万的美元进行人员培训项目，这些培训项目，由顾客、质量、价值、过程控制和员工参与等观念体系构建而成[4]，为了增加灵活性和财务责任，一些人提倡扩大交换和支付的关系以代替一般基金供给；许多人认为应该利用竞争机制促使政府运作对顾客负责。[5]人们在对传统官僚体制批评中提出了许多重要的观念，包括：在环境管制[6]中以市场为基础的诱因机制，在税收行政中促进人们自愿的服务，社区中的警

察保卫[7]，社会服务的整合[8]，一日或集中审判的陪审团制度[9]，以学校为基础的管理[10]和学校选择权。[11]

纷繁复杂的思想和实践背后，有没有一个核心思想（或许就是一个内容摘要）？有些读者会回答，这个核心思想就是服务；或者是顾客至上；或者是质量问题；或者是激励；或者是创造价值；或者是授予权力。但是，指导实践的核心思想并不是一个由主要思想统帅、按等级来组织的。迹象显示，激励与授予权力同等重要，但这两个概念并不包容。授予权力可以定义为：个体或集体在心理上对他们的工作结果负责。既然这种观点和实践是按一种模式而不是由一个单一的核心思想构成的，那些要最大限度地利用这个新概念资源的人，就必须深刻理解此系统的各个组成部分是怎样联系在一起的。[12]

为了更好地理解这个新范式的结构和运行以达到提高公共管理的目

的，我们必须全神贯注并勇于创新，而不像能言善辩的哲学家和社会语言学家那样纸上谈兵。为了便于理解，我们建议把这个新范式比喻成各种思想的一个大家庭。[13]这个"大家庭"的比喻之所以有用，在于它揭示了各种思想是以某方式联系在一起的，重点就要放在他们是如何联系在一起的。这个比喻可以进一步推广。把这个新范式及官僚制范式看成是大家庭的一代。尽管一代中的各个成员不是享有平等的地位，但他们之间也并不是等级关系，就像上述范式中的各个观念那样。在许多情况下，所有的同辈人是共存的，但是他们的个性可能大相径庭，就像激励和授予权力两个概念那样。此外，就像年轻一代想要证明他们无论作为个体还是整体都与其父辈不同一样，新范式的自定义也强调出了与官僚制范式的分歧。"大家庭"和范式中一代与一代之间的差别反映出它们所处社会的社会环境、经济环境、政治环境的变化。将比喻再推进一步，就像是年轻一代受上一代的影响远比他们意识到的多那样，新范式中的概念也深深地受到官僚制范式中与其有密切关系的概念的制约。

117

最适合来描述这个思想"大家庭"的新一代观念——关于如何使政府运作更卓有成效的术语是后官僚制范式。这个术语显示出后官僚制范式与官僚制范式一样包含丰富的内容。若起一个不相干的名字会掩盖了这样的事实，即作为历史的产物，新观念是从官僚制范式发展而来的。表8—1揭示了这种发展过程。这种结构能帮助我们识别后官僚制范式并且用历史的观点去看待它。

表 8—1　　　　　　　　　　两种范式对照表　　　　　　　　　　*118*

官僚制范式	后官僚制范式
公共利益	公民认为有价值的结果
效率	质量和价值
行政	生产
控制	遵守规范
明确职能、权力和结构	确定任务、服务、顾客和成果
价格调整	创造价值
履行职责	培养责任心
	加强工作关系
遵守规范和程序	理解并运用规范
	找出并解决问题
	不断改进过程
管理行政制度	服务和控制分离
	支持遵守规范

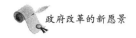

	扩大顾客选择范围
	鼓励集体行为
	提供激励
	衡量并分析结果
	增加反馈信息

 ## 8.1 变化中的范式

从公众利益到公民认为有价值的结果

官僚制改革的目的在于使政府能更好地为公众利益服务。[14]改革者认为如果政府诚实可靠、有能力，它是愿意为公共利益服务的。诚实可靠意味着政府要清除排他主义、超额雇用人员和滥用公共基金现象。有能力意味着政府要促进城市的基础设施建设、提供受教育的机会、改善公民健康状况。[15]

改革者为公众利益服务的策略恰好定义了"公众利益"这一概念。这个策略的核心是，在保留的基础上，充实、发展会计、工程学、社会科学等领域专家队伍。设计这个策略，不但是为了取得某种成效，还是通过采纳专家意见给非选举产生的官员们的管理行为以合法的地位的一种方式。作为一个虽非有意追求却也不令人奇怪的结果，这些官员认为无论何时他们在各自的权威领域中，使用其渊博的知识和专业标准来研究问题，都是在为公众利益服务。

119 官僚制改革时代，当解决弊端、建设基本设施、说明公共基金的使用等有效需求变得意义重大时，按专业标准所作的决策恰好与公民的集体利益和要求相一致，这一假设是相当合理的。目前作这样的假设就不再合理了。当政府内部的每个专业团体都确信公共利益是按它们的标准来定义的时候，政府就很难作出令公众满意的成绩了。

为了鼓励就政府工作如何符合公众意志的问题进行更广泛的调查和商讨，反官僚制范式建议，带有修辞色彩的"公众利益"一词应该限制在有关美国政治和管理历史的书本中使用。更合适的代替词是"公民价值体现"。与前者相比，新词能够激发对什么能体现公民集体价值这一问题作更多的调查、更明确的讨论、更有效的商榷。它还可以与顾客至上的观念相联系，强调投入和过程中产生的成效，暗示出哪些公民价值不能由政府内部的专业团体来擅作主张。[16]

从效率到质量和价值

20 世纪初，科学管理运动的领导者们创建并推广了有关效率的目标、本质、意义的这一常识性理论。[17]这个常识性理论是正确的，原因有：它解释了那个时代具有标志性的工业进步；现代工厂的运作方式已经得到广泛认可。改革者们利用高效的工业管理的知识推演出高效的公共管理的概念，这标志着向前迈进了一小步。[18]

关于工厂，管理改革家们了解什么呢？他们清楚，一个高效率的工厂体系在成功地做到降低生产成本的同时，又能不断增加产品的数量。他们还知道取得这一成功的灵丹妙药。工厂里，管理者通过等级管理模式对生产进行详细的控制。[19]他们知道生产和管理体系必须由专家来设计并操作。专家安排人员分别负责人事、会计、检验、能源与工程、技术、产品设计、生产方式、生产效率及订货。[20]官僚制改革家还知道工厂管理者和专家将权力和专业知识用于工厂管理中而不受政治派别的影响。

因此，工业不仅是"高效率政府"一词的修辞来源，改革家们对高效率政府的要素——重组、会计系统、专业知识和成本控制——的理解，来源于他们在工业方面的知识。[21]改革者们将一些要素描述成特殊的方法和技术，例如：职能和责任的详细范畴，集中审查预算，集中采购，工作程序，反馈系统及方法分析。但是，一个主要概念"产品"是不能从工业管理应用到政府管理中去的。[22]

既然排除了产品这个概念，改革家们高效率政府的概念就将面临许多麻烦。它激励那些声名狼藉的官僚主义者致力于为繁荣作更多的投入，并且允许他们把这个世界变成其享有特权的世界。更特别的是，在投入减少的情况下，仍可要求政府提高效率。然而在工业环境中更易证明，只有通过降低单位产品的成本才能提高效率。工业管理者很难做到使组织内部的每一个专业人士都关注产品问题。但是通过这个观念（体现在商品从生产线到销售的过程）他们至少能够找到一种方法，准确地了解各部分怎样协调才能达到高效率。综上所述，公共利益这个概念不具备产品概念的整合能力。事实上，详细描述职能和责任、重视专业技能的策略，开辟了另一个方向。[23]底线（第 2 章那个可怕的故事说明的）是，

120

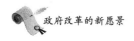

不重视综合职能，只追求效率是空中楼阁。[24]

121   效率应该从公共行政辞典中剔除，就像它已经从复杂的工业和服务业管理的实践理论中剔除了一样。[25]公职人员在考虑政府行为的本质和价值时，应该利用以下相互关联的概念，如产品、服务、质量、价值等来代替它。这种做法与非政府机构的人员的做法是一样的。我们主张，在公共部门和在别处一样，使用这些术语时深思熟虑是有益的。[26]

后官僚制范式没有试图去解决大多数关于产品、服务、质量、价值等观念的一般定义的矛盾。[27]给这些具有修辞色彩并且语法上难以分析的类别依照法律下个准确的定义是没有用的。在任何情况下，对实现目的最重要的是，人们在实践中如何充分地利用这些概念来表达和讨论特定机构的工作成绩如何被评价和提高时所持的适当的特别的论点。[28]

为了充分利用讨论的结果，有必要使这些术语在某些程度上达成一致。第一，从顾客这个角度来定义这些概念是最适合的。根据这条原则，将质量重新定义为符合顾客要求是可以接受的。第二，考虑到费用问题，应该将净值与价值区分开。根据这条原则，减少花费这个要求有必要从对产品、服务的成本、价值的影响这个角度仔细检查。第三，当共同提供服务或按标准行事的时候，顾客承担的非金钱上的付出也应考虑在内，根据这条原则，按传统会计系统计算出的费用，应根据服务或相关情况来进行调整。

从行政到生产

122   官僚制改革家们有一条理论，即每一个公务员如何为高效行政作贡献。此理论主张，行政的目的在于高效地利用法律来解决公共问题。机构通过将责任再次划分并指派到各个职位来完成它们的职能。根据各自的特点被分配到各个职位的公务员，利用他们的专业知识圆满地完成任务。[29]这个理论允许在这个所谓行政的公共事务领域中，使用命令和理性，并且把行政合法性的论点与组织效率的论点很好地结合在一起。这个理论[30]还提供了一个理由，让我们相信公务员的工作就是为公共利益服务。

从某种程度上讲，这种作用于政府行政部门的理论会长期存在下去。[31]请公务员们描述一下他们的工作，许多人将所在机构的职能与本身的责任联系在一起。[32]为了阐明每个职位的责任到底是什么，一些机构模仿命令链条创出许多头衔。[33]例如，美国退役军人管理局的高级管理人员可能被冠名为医务副总长助理。

这种指定工作范畴的策略不能使公务员满意。青年职员不希望接受严密监督。这就得到一个合理的推论，即指定在机构内的位置这种做法，不能很好地体现工作时该职位的特点和目的。关于这种标准化描述的另一个问题是公民们对公务员工作的价值持怀疑态度。公务员也深知这一点。官僚制范式没有向 20 世纪后期的公务员们提供多少向自己和别人解释其工作价值的方法。[34]

越来越多有关生产是行政概念中重要选项的证据，来自全面质量管理（TQM）运动。全面质量管理为其职员们提供了这样的方法（如过程流动分析）来认识并改进生产过程。大多数了解全面质量管理的概念和方法并认为其有效的政府人员致力于研究过程分析和控制。[35]

为什么生产是一个影响力极大的概念？一个原因是一线操作的职员参与了决策过程。另一原因是在讨论如何组织生产过程这个问题时，首次考虑到正式推理方法。职员参与和目标分析都减轻了职员在等级制度严格的组织中的无权力感。[36]此外，通过使用过程分析法，职员可以共同成为机构形象的代表，而不涉及等级制度和等级界限。更重要的是，通过过程分析，每个职员可以向别人形象地描述，他们的工作是怎样帮助形成有价值的服务或产品的。同事之间也可以建立起对彼此工作的理解和欣赏。[37]

为了防止混淆政府中的生产和工业中的生产，后官僚制范式建议将"生产"这个概念定义为提供服务。[38]这个术语提醒公务员提供服务的过程与产品之间有复杂而密切的关系：对商品而言，生产过程与销售和消费是分开的；然而对许多服务而言，其生产、提供和消费是在同一过程中进行的，顾客常常作为共同生产者参与进来。[39]

从控制到职员主动遵守规范

从官僚制改革家的视角看政府，控制是高效行政的生命源泉。控制被认为是如此的重要，以致任何旨在加强控制的想法都被用来支持通过实践深化、推广官僚制改革这个论点。这些实践包括会计系统、预算冻结、重组、报表要求以及许多减少公务员判断机会的方法。

为什么这样一个冷冰冰的、机械的概念能够受到高效行政拥护者的推崇？答案基于这样的事实，即在与官僚制改革息息相关的一些概念的表述中，字里行间都突出了控制的重要性。[40]对于实现一元化行政部门

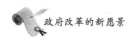

124 　的目标来说，控制是基本要素。控制可以用来消除行政决策中的负面影响。控制是大型机构能高效运营的基础。[41]控制可以使公民放心，行政是在行政长官的控制下进行的。

受合理—合法的官僚主义概念及工业实践的影响，官僚制范式的设计者试图通过建立各种规章制度的中央控制系统来实现这样的目标——有序、合理、非主观行政、高效、政治责任感。强调规章制度集中化及其执行，可能会引起一些令人忧虑的后果，即倾向于把"官僚制"变成一个轻蔑性词汇而不是描述性词汇。

规章制度。为了适应不断变化的环境或新问题，官僚制范式鼓励控制行为来不断完善规章制度网。[42]当规章制度体系变得极其复杂，存在于人事机构和一线机构中的大量的人事工作需要得到理解、配合和促进。

中央集权　官僚制范式要求监督人员将行政决策的责任和权力集中掌握在人事机构手中。集中人事操作通常缺少快速处理接踵而来的问题的能力。或许是因为他们在预算过程中的权力较弱，或许是因为他们一贯坚持的为纳税人省钱的想法。更进一步的结果是，集中做的决策没有考虑一线机构所面临形势的复杂性和多变性。

执行　强调执行的人事机构，通常采取视而不见的态度来对待能从根本上改正错误的机会。[43]例如，机构常常不能照规范行事，因为它们的雇员不知道如何在特定的情况下运用规范。许多相关问题可以通过就如何促进行政和生产过程这一问题给予教导和具体的建议来解决。但是，强调执行的相关组织倾向于在解决问题方面少投入精力。更进一步来说，强调执行在控制行为和控制对象之间毫无必要地建立起一种敌对关系。这种关系对主动遵守规范的努力有消极作用。[44]

125 　我们认为，在"控制"这个概念使用了半个世纪之后，继续使用它会阻碍有关如何实现公民价值这个创新想法的发展，因为它与陈旧的强调规章制度、中央集权和执行的做法关系密切。目前正在使用带选择性的术语，如授权、分权、流线化、鼓励性规章制度、自愿服从等，但还不能完全替代它。无论后官僚制采用什么术语来表达其思想，它必须符合以下几点：（1）除了规章制度以外还要阐明方法（比如法则），使之与机构必须遵守的规范相适应。（2）认识到分支机构作选择时所面临的环境是复杂的，模棱两可的。（3）强调奖励和良好的工作关系对正确决策所起的作用。

设计"遵守规范"这个术语是用来完成这一职能的。这个概念简述了后官僚制在考虑从属机构业务的组织策略时遵循的几条方针政策。其中一条是值得高度重视的。

因为坚持原则要求人们在复杂、模糊的条件下作出选择，所以从属机构策略必须把权力下放给从属机构，使它们能够在特定情况下灵活运用规范。根据定义，当从属机构从个体角度出发，认为有责任遵守规范；从心理角度出发，愿意承担任务来探索遵守规范的最佳方法时，从属机构就被赋予了权力。个体对工作成果负责与提供高质量的商品和服务一样，是从属机构能否作出正确决策的关键因素。

正如分析家在研究机构生产力和质量的源泉时所得出的结论那样，个体的责任感大大地受到工作模式的影响。研究者指出，特别是当雇员被明确地告知了工作的目的和期望的结果，以及获得教育辅导、物力支持、反馈信息并被认可时，雇员最愿意承担工作的责任。[45] 该结论表明，当从属机构理解了"规范"的意图，得到在它们面临形势下如何使用规范方面的教育指导，并得到从属机构完成程度的及时有效的信息，而且成绩得到认可的时候，最可能提高个体遵守规范的责任感。 *126*

个体是否愿意为遵守规范负责，还取决其他几个因素。其中包括，从属机构集团对规范的支持程度，集团中的其他成员是否承担义务，从属机构是否想方设法简化执行过程，对不遵守规范的人强制执行的能力是否强。[46] 后官僚制范式承认，有些人可能没有尽力去遵守规范。因为这个原因，即便强调要遵守规范，强制执行也是不可少的。[47] 这些因素渐渐得到税务部门及其他机构的认可。这些机构的成功主要取决于人们和各机构对其规范的遵守。[48]

超越职能、权力和组织结构

官僚制范式按照组织被分配的职能、代表的权力、正式的组织结构来为它们下定义。职能是在庞大的政府组织机构内，要完成工作的抽象分类。权力就是作决策及在关于权力分配的问题上要求下属服从的权力。正式组织结构指的是上下级关系体制，它把代表的权力和与之相配的细分的职能最终分配到各个职位层次上。

对这种见解的批评是极其著名的。强调职能使组织看上去像一个专用工具，而不是一个其成员为实现目标而努力的机构。[49] 强调权力，则忽略了其他一些包括信仰和交流的社会分析和控制等方法的力量。[50] 强调正式组织结构将会使组织手段和组织目标及策略本末倒置。[51]

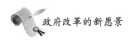

127 　　从后官僚制的角度来看，机构的主要挑战是引导人们把精力放到思考及做对社会有益的事情上。为了迎接挑战，公务员需要的不是职能、权力及组织结构，而是更合适的类型。任务、服务、顾客和成果等概念是很有价值的，因为它们能帮助公务员明确地表达他们的目的，并且考虑如何开展工作来达到这些目的[52]。任务就是要求一个组织为社会利益作出特殊贡献。[53]服务是组织的产品。[54]顾客是组织内部或外部的个体或集体，雇员应作为顾客关系的一方对他们负责。[55]成果准确描述了组织通过其行为想达到的业务状况。[56]

从加强职责到培养责任心

　　根据官僚制范式的看法，管理者的主要作用是使用他们的权力加强其下属职责。[57]作为组织内部管理职员的一种要求，"责任心"这一形式主义的、分等级的、起补充作用的概念，还有许多不尽如人意的方面。形式主义忽视了情感、承诺、同伴团体规范在形成内在激励和内在行为时所起的作用。强调等级观念，就不会将注意力放到管理下属和向不同领导汇报的雇员之间的依赖关系网上。加强职责这一概念，给责任心赋予了回顾过去、发现过失的特点。

　　根据后官僚制的观点，使雇员有责任心的最有效的方法是让他们感觉有责任。[58]从某种程度来讲，培养责任心这一渠道是很有吸引力的，因为雇员想负起某种责任。他们想负责的原因和大多数人一样，即负责是让人感觉自己重要的一种手段。一位当代著名的哲学家曾经说过：

128 　　　　重要性有两个特征。第一，它可以产生外在影响或作用，并且是产生外部影响的原因——影响从此处向外扩散，这样其他人或事才能受到其行为的影响。第二，受到重视，有价值。如果重要性的第一个特征指的是影响从此处向外扩散，第二个特征就是指此影响引起的反应，你的行为、品质或存在方式等方面的反应。他们以某种方式重视你，把你考虑在内。而被重视正是我们所需要的。[59]

　　专门研究行为学的心理学家们认为，当雇员们认为预期的工作成果对他人来讲是很重要的；得到有关成果的反馈信息；可以将成果归功于他们自己的努力、创造和决策的时候，他们就会有责任心。[60]基于此论点，后官僚制范式重视公共管理者及其监督人员为达到公务员对预期任务的完成有责任感这一效果而作出的贡献。

在官僚制范式中，克服责任感中按等级、补救等特点的方法是重视一系列的工作关系，包括顾客关系，公务员通过这种关系创造公民价值。（表8—2阐明了各种工作关系的分类。）从后官僚制的角度来看，这些工作关系中，双方之间的责任应该是双向的。例如，提供者应该对顾客负责，满足他们对质量和价值的要求。而顾客也要对提供者负责，讲明他们的需要并提供反馈信息。更普遍的是，在考虑对顾客和他人的负责感时，公共管理者应该考虑到影响各种关系良好运转的所有因素：对这种关系的意义和特征的一贯理解；对双方认为什么样的行为和结果是令人满意的，有一个更深的理解；对双方完成情况以及如何改进提供反馈信息；反馈信息的处理；及根据不断变化的环境和积累的经验，重新考虑工作关系。

表8—2　　　　　　　　　　　工作关系　　　　　　　　　　*129*

顾客关系
个体的或组织顾客
● 组织内部
● 政府内部
● 政府外部
共同客户
● 组织内部
● 政府内部
● 政府外部
生产关系
与顾客的合作生产关系
服从关系
● 政府内部
● 政府和公众之间
与供货者的关系
● 政府内部
● 商贩
团队关系
● 个体间
● 任务团体间
● 职能部门间
合作关系
● 政府内部
● 国有部门和私营部门之间
监督关系
与行政部门领导及其职员的关系

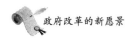

> 与立法机构、立法委员及其职员的关系
> 与法院的关系
> **隶属关系**
> 雇佣关系
> ● 雇员与其组织领导的关系
> ● 雇员与其直接领导的关系
> ● 雇员和雇主的关系
> 全社区性关系
> ● 机构之间
> ● 公务员之间
> 同伴团体关系
> ● 行政人员之间
> ● 专业人员之间

130 从调整价格到创造价值

按照官僚制范式的观点，预算是制定年度开销计划的过程。作为预算过程的一部分，管理者承担着制定机构需求预算的任务。事实上，管理者的任务是提供有力的论据，来证明他们下一预算年度的需求比当年多。[61]以下几种关于需求的主要论据，是可以接受的：目前开支，商业成本的预计提高，提高组织业务水平的预计花费。收到需求预算后，中央预算办公室收集证据，来证明机构的实际花销少于预算，把其作为证据之一来判断谁对资源需求最合理。[62]

官僚制范式的预算观点，同许多人观点是一样的。例如，它对需求的说法与改革家的想法是一致的，即政府应该在不浪费纳税人金钱的前提下，满足公民的要求。监督和预算人员担负着提高政府效率的责任这一观念，也同它是一致的。提高政府效率就意味着审查成本。

后官僚制范式的拥护者们，就此观念提出了挑衅性的问题。[63]他们推测，与成本相比，公民对公共服务的质量和价值更感兴趣。因此，监督人员在研究预算时审查成本是错误的。他们想象出这样一个社会，研究预算可以帮助监督人员代表公众从机构那里买到可靠的服务。他们进一步主张，如果各机构希望在追踪顾客需求上变化，并通过更好的管理生产过程来提高生产力，那么提高公共服务的质量和价值，便可以在日常工作中实现。他们指出，官僚制范式的预算过程，只能促使公共管理者把他们有限的时间花在调整成本上。根据后官僚制的观点，当务之急则是研究这些要求的内涵，并在理论和实践中加以反思。

超越规范和程序

官僚制范式无数论据的前提是，计划好的行为过程（或非行为过程），符合现存的规范和程序。先前对效率、行政、控制等概念的讨论，解释了为何这些论据有普遍的说服力。

站在后官僚制的角度上，以现存规范和前提为前提的论据，应当受到一定程度的怀疑。以规范为前提体的论据，应当被提出异议。重新组织论点，应当依据以下方面：达到尽可能好的成果，并考虑到规范隐含的意图，形势的复杂性和模糊性，以及从规范执行人那里获得支持的能力。如此说来，工作主要的象征是解决问题而不是遵循官僚制的常规。同样的，也应通过讨论如何改进过程来提高服务的质量和价值，对以目前程序为前提的论据提出质疑。

超越行政制度管理

官僚制改革的观念通常体现为中央集权的人事机构。通过现行的行政制度，这些组织将效率、行政和控制等概念用于实践。它们的文化和惯例造成了许多一线机构必须面对的约束和刺激。同后官僚制的优势相比，它们降低了政府实现公民价值的能力。

如果打破官僚制的时代已经到来，打破人事部门的中央集权，必定是此过程的一部分。要服务于这个目标，集权人事部门必须改变它们的组织策略。就像一线机构那样，它们也会因使用如下的概念获益：如任务、服务、顾客、质量、价值、生产、赢得人们对制度的遵守、培养责任心、加强工作关系。更需要指出的是，集权人事部门应该将服务和监督分离，支持遵守规范，扩大顾客选择范围，鼓励集体行为，提供刺激、衡量和分析结果。在各种工作关系方面增加反馈信息，这个由各种观念组成的大家庭，在实践中的意义应该经常通过讨论、逐渐革新来得到进化。本书中包含一些论点和信息，即是这两个过程的出发点。

8.2　公共管理者所扮演的角色

官僚制范式赋予公共管理者的责任包括：计划、组织、指导及协调。

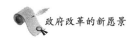

计划意味着制定机构的整体发展目标时，要用高于日常工作的角度来看问题。组织意味着分配工作职责，在处理人和事的问题上，赋予各职位必要的权力。指导意味着明确告知各下属完成计划时各自的作用，并确保他们按标准完成任务。协调意味着调节各下属的工作和关系。[64]近四十年来，在管理方面著书的人，已经将这一任务观念中的不足充分地指出。

后官僚制范式重视关于如何安排公众管理者角色的讨论和研究。目前的公众管理者理解并欣赏在角色这一观念中的变化，如行使领导权、创建高道德水准的团体、创建组织文化、制定战略计划、无权威指导的管理、开拓、提出问题、确定顾客、向前摸索、起作用的反映、指导、构成刺激、一流产品、灌输质量承诺思想、营造革新氛围、组建团队、重新设计工作、为大众投资、命令协商、深入基层管理。[65]作为对目前研究的一种贡献，我们认为打破官僚制是对这些观念的有益补充。该观念警告公共管理者，要密切关注官僚制范式对常规做法和论据模式的深远影响，以及公务员感受其工作意义的方法。

有历史意识，并致力于打破官僚制的公众管理者，会帮助合作者理解官僚制范式企图将组织目的定义为完成分配的工作是错误的。他们主张，所有组织面临的关键挑战是，把意图渗透到日常工作中去。同时要防止这种趋势，即假定目前的工作已经创造了尽可能多的价值。他们会在组织内外部培养一种能力，来研讨实现公民价值和所做工作之间的关系。

打破官僚制思想指导下的公众管理者，不仅应该把历史知识和后官僚制思想结合起来，作为工具来找出形势不令人满意的问题所在，及发现立足于官僚制范式论据的不足；还要创造性地面对这样的事实，即许多公务员在感情上倾向于官僚制范式。就我们的经验来说，如果公务员坚信，他们在过去几年中的努力不会因这种改变而贬值，他们通常会希望用一种新方式来思考和实施公众管理。克服阻碍基于该思想的变革的有效方法是，要提供一个有力的论据，即在组织的特定行为领域中使用的官僚制范式的先决条件，在 20 世纪大部分时间都是合理的，但现在时代已经变了。[66]

注　释

[1] 项目预算、项目评估和政策分析的观念，扩展和改善了官僚制范式，并

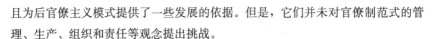

且为后官僚主义模式提供了一些发展的依据。但是，它们并未对官僚制范式的管理、生产、组织和责任等观念提出挑战。

［2］James Q. Wilson, *Bureaucracy: What Government Agencies Do and Why They Do It* (New York: Basic Books, 1989), 369-376.

［3］David Osborne and Ted Gaebler, *Reinventing Government: How the Entrepreneurial Spirit Is Transforming the Public Sector* (Reading, Mass.: Addison-Wesley, 1992). 该术语应用在 1991 年马萨诸塞州州长 William Weld 的就职演讲中，请参阅 "What 'Entrepreneurial Government' Means to Governor Weld," *Boston Globe*, January 8, 1991, 17-18.

［4］关于政府内的质量运动，请参阅 Christopher Farrell, "Even Uncle Sam Is Starting to See the Light," *Business Week*, Special 1991 Bonus Issue: "The Quality Imperative," October 25, 1991, 132-37. 关于质量管理概念和实践的起源，请参阅 David A. Garvin, *Managing Quality: The Strategic and Competitive Edge* (New York: Free Press, 1988). 全面质量管理（TQM）对国防部的影响，请参阅 Tom Varian, "Beyond the TQM Mystique: Real-World Perspectives on Total Quality Management" (Arlington, Va.: American Defense Preparedness Association, 1990); Defense Communications Agency, "Vision 21/TQM: Venturing Forth into the 21st Century," 2d ed. (Washington, D. C., March 1989); Navy Personnel Research and Development Center, "A Total Quality Management Process Improvement Model" (San Diego, Calif., December 1988). 论述政府全面质量管理的学术著作，还在不断出现。

［5］Donald B. Shykoff, "Unit Cost Resourcing Guidance" (Washington, D. C.: Department of Defense, n. p., October 1990), cited in Fred Thompson and L. R. Jones, "Management Control and the Pentagon," book manuscript, October 1991, 16.

［6］Project 1988, "Round II: Incentives for Action: Designing Market-Based Environmental Strategies" (Washington, D. C., 1991); and Robert N. Stavins, "Clean Profits: Using Economic Incentives to Protect the Environment," *Policy Review* (Spring 1989): 58-63.

［7］Malcolm K. Sparrow, Mark H. Moore, and David M. Kennedy, *Beyond 911: A New Era for Policing* (New York: Basic Books, 1990).

［8］Beth A. Stroul and Robert M. Friedman, "A System of Care for Severely Emotionally Disturbed Children and Youth" (Washington, D. C.: Georgetown University Child Development Center, July 1986).

［9］"Middlesex County Jury System," John F. Kennedy School of Government

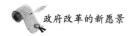

case C 16-86-656.0.

[10] Theodore R. Sizer, *Horace's Compromise: The Dilemma of the American High School* (Boston: Houghton Mifflin, 1984); and Paul T. Hill and Josephine Bonan, "Decentralization and Accountability in Public Education" (Santa Monica, Calif.: RAND, 1991).

[11] John E. Chubb and Eric A. Hanushek, "Reforming Educational Reform," in *Setting National Priorities*, ed. Henry Aaron (Washington, D. C.: Brookings Institution, 1990), 213-247; and John E. Chubb and Terry M. Moe, *Politics, Markets, and America's Schools* (Washington, D. C.: Brookings Institution, 1990), 185-229. For a critical book review of Chubb and Moe by Richard F. Elmore, see *Journal of Policy Analysis and Management* (Fall 1991): 687-694.

[12] 模式是一个以经验为基础的观念体系。更具体地讲,模式可以被看作是一些有关意识、精神形态、理论常识以及行为一般原因的体系。要知道一个体系是如何构成的,就要考虑现代社会模式中一个重要的观念:生产。生产观念提到了对某一些特定工作程序的注意(例如工厂作业),同时也贬低了一些其他的工作程序(例如家庭内部作业)。该观念带来了一个复杂的精神形态,其中包括许多其他的概念,诸如工作者、任务、机器、专业化、技能、组织、监督、生产量、在制品清单、瓶颈、检验、再加工、成本和效益。这个复杂的精神形态构成了生产的理论常识。一个历来就很重要的理论常识是,把握时代繁荣和便利就需要效率;效率需要削减生产成本;成本的削减则可以通过任务专业化,停止对工作者的监督,以及合理的组织等方式来实现。该理论常识带来了工业社会行为中一个一般性的前提:效率。

[13] 从来源领域到目标领域的筹划,请参阅 George Lakoff and Mark Turner, *More Than Cool Reason* (Chicago: University of Chicago Press, 1989), 57-65.

[14] 这些改革包括以下方面的介绍:文职人员保护,无记名投票,改组,行政预算程序以及采购竞争。

[15] 从许多年前开始,政治学家就一直关注着公共利益观念。例如,可参阅 Charles E. Lindblom, "Bargaining: The Hidden Hand in Government (1955)," chap. 7 in *Democracy and Market System* (Oslo: Norwegian University Press, 1988), 139-170. 历史学家 Richard Hofstadter 指出:一般而言,公共利益是那些改革家(主要是一些中级的专家以及对政治机器失去权力控制的社会精英)的一种看法,目的是把美国变成一个更好的社会。以上出自 *The Age of Reform: From Bryan to F. D. R.* (New York: Vintage, 1955), 174-214.

[16] 有些人可能会对使用任何诸如公共利益的概念提出批评。在有关公共审议和公共管理的文献中,可以找到支持我们观点的证据,即假如公共利益这一

有说服力的分类被取缔的话，那么它一定是被一个功能类似的观念所取代了。关于此方面，请参阅 Steven Kelman, *Making Public Policy: A Hopeful View of American Government*（New York: Basic Books, 1987）, 215. See also Robert B. Reich, ed., *The Power of Public Ideas*（Cambridge, Mass.: Harvard University Press, 1990）; Dennis F. Thompson, "Representatives in the Welfare State," in *Democracy and the Welfare State*, ed. Amy Gutmann（Princeton, N. J.: Princeton University Press, 1988）, 136-143; 以及 Mark H. Moore, "Creating Value in the Public Sector," 正在编写的手稿。在下列多项成果中，可以找到支持关于能言善辩有助于商议这一假设的证据：Donald N. McCloskey, *The Rhetoric of Economics*（Madison: University of Wisconsin Press, 1985）; Warren Bennis and Richard Nanus, *Leaders: Strategies for Taking Charge*（New York: Harper & Row, 1985）; David Johnston, *The Rhetoric of Leviathan*（Princeton, N. J.: Princeton University Press, 1986）; and Giandomenico Majone, *Evidence, Argument, and Persuasion in the Policy Process*（New Haven, Conn.: Yale University Press, 1989）.

[17] 我们在此忽略了对节约这一概念的讨论以使之简单化。节约是那些想削减政府支出和税金的人们的标语；想提高政府效能的人们则强调效率。我们在此也同样简化了对效率这一概念的讨论，而是专注于科学管理运动和工厂管理。要得到更多早期公共管理对效率这一概念的完整讨论，请参阅 Dwight Waldo, *The Administrative State*, 2d ed.（New York: Holmes and Meier, 1984）.

[18] 在此上下文中，我们所说的知识就是一般性的知识，就像 Charles E. Lindblom 和 David K. Cohen, *Usable Knowledge: Social Science and Social Problem Solving*（New Haven, Conn.: Yale University Press, 1979）, 12-14 所讨论的那样。从来源领域到目标领域的筹划，请参阅 Lakoff and Turner, *More Than Cool Reason*, 57-65.

[19] Robert B. Reich, *The Next American Frontier*（New York: Times Books, 1983）, 22-82.

[20] Alfred D. Chandler, Jr., "Mass Production and the Beginnings of Scientific Management," in *The Coming of Managerial Capitalism: A Case Book in the History of American Economic Institutions*, ed. Alfred D. Chandler, Jr., and Richard S. Tedlow（Homewood, Ill.: Richard D. Irwin, 1985）, 465.

[21] "系统化地采用商业账册进行簿记的方式对于控制工业生产来讲是革命性的，因为它不仅为提高效率和获得更大效益提供了道路，同时也是诚实的一种表现。" 以上引自 Barry Dean Karl, *Executive Reorganization and Reform in the New Deal*（Cambridge, Mass.: Harvard University Press, 1963）, 35. 我们强调工业所扮演的角色是高效政府知识的来源领域，这并不说明其他知识来源是无关

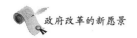

紧要的。实际上，Karl 曾经指出，那些早期的改革者，都受到了德国城市管理和英国议会制的影响，虽然这种影响，都受到美国商业和工业知识的中和。关于此，可参阅 *Executive Reorganization and Reform*，95-96. Karl 同样指出，工业实践的说服力，由于对贪污和浪费的道德义愤而得到了提高。关于此，可参阅 *Executive Reorganization and Reform*，141-143.

[22] 什么可以解释这个难题呢？一个论点可能是政府的产品和工厂的产品是有区别的。但是这个论点是错误的，原因是产品这个概念可以充当一种经济结构的比喻（就像它现在的作用一样），用来努力使组织目的和组织工作的关系概念化。一个可能反对此观点的主张是，改革者们不知道如何用比喻来思考。但是，高效政府的概念要求必须使用"政府就是工业"这一经济结构的比喻。无论改革者们是否知道他们在使用一种比喻的方法说话，都是与此毫不相关的。我们猜测，生产概念之所以未被采用，是因为改革者忠于理性主义和专业主义，而回避市场作用和市场价值在政府中的作用。组织合理观念的影响，还可以感觉得到。

[23] See Herbert A. Simon, *Administrative Behavior*, 3d ed. （New York：Free Press, 1976), 134-145. Simon 重申以下观点，要尊重权力系统，而不考虑某些特定决议的价值。

[24] 关于职能整合和使机构适应环境的重要性，请参阅 Kenneth R. Andrews, *The Concept of Corporate Strategy*, rev. ed. （Homewood, Ill.：R. D. Irwin, 1980).

[25] Michael E. Porter, *Competitive Advantage：Creating and Sustaining Superior Performance* （New York：Free Press, 1985), James L. Heskett, W. Earl Sasser, Jr., and Christopher W. L. Hart, *Service Breakthroughs* （New York：Free Press, 1990) 两书的索引中，都没有出现"效率"一词。

[26] 本书的第 3 章至第 5 章提供的资料，可以作为该声明的证据。

[27] 关于产品概念中带有的竞争含义，请参阅 Derek Abell, *Defining the Business：The Starting Point of Strategic Planning* （Englewood Cliffs, N. J.：Prentice-Hall, 1980). 关于创造价值这一概念的讨论，请参阅 Porter, *Competitive Advantage*, 33-61; and David A. Lax and James K. Sebenius, *The Manager as Negotiator* （New York：Free Press, 1986), 63-116. 这两本著作中"创造价值"这个概念，都符合扩大福利的广泛的传统。关于此点，可参阅 Amartya Sen and Bernard Williams, eds., *Utilitarianism and Beyond* （Cambridge, England：Cambridge University Press, 1982).

[28] 以实际理由和社会科学形式出现的特殊论点的作用，请分别参阅 Joseph Raz, *Practical Reason and Norms* （Princeton, N. J.：Princeton University Press, 1990), 28-35; and Charles E. Lindblom, *Inquiry and Change：The Trou-*

bled Attempt to Understand and Shape Society (New Haven, Conn. : Yale University Press, 1990), 169－170.

[29] 关于传统组织理论方面的问题，请参阅 Gareth Morgan, *Images of Organization* (Newbury Park, Calif. : Sage, 1986), 19-38.

[30] 公共服务全国委员会发表的 Woodrow Wilson, "The Study of Administration," *Political Science Quarterly* (June 1887): 197-222.

[31] National Commission on the Public Service, *Leadership for America: RebuiMing the Public Service* (Washington, D. C. , 1989), 173-175.

[32] Rosabeth Moss Kanter, *The Change Masters: Innovation and Entrepreneurship in the American Corporation* (New York: Simon & Schuster, 1983), 56-58.

[33] National Commission on the Public Service, *Leadership for America: Rebuilding the Public Service*, 21-41.

[34] 关于过程控制的讨论，请参阅 Robert H. Hayes, Steven C. Wheelwright, and Kim B. Clark, *Dynamic Manufacturing: Creating the Learning Organization* (New York: Free Press, 1988), 185-341; and Heskett, Sasser, and Hart, *Service Breakthroughs*, 112-158.

[35] 根据社会科学的研究，这种经验主义的观点得不到证实。经验主义的观点依赖于同公共部门管理者的广泛接触，以及对 "Denise Fleury and the Minnesota Office of State Claims," John F. Kennedy School of Government case C 15-87-744.0 实地考察所获的证据。

[36] Marshall Bailey of the Defense Logistics Agency 认为：过程分析是与削弱雇员所承担义务和机构能力的 PHOG（预见、传闻、观点和猜测）做斗争的一种方法。

[37] Denise Fleury 事件的一个受访者提到，进行工艺流程分析之前，同事们是从工作性质的角度来观察彼此间的关系；之后，则是从人的角度来观察彼此的关系。

[38] 某些政府行为，例如铸造流通货币和制造武器，更像是一种制造行为而不像是提供服务。其实大多数相关行为，更像是服务而不是制造行为。对于生产来讲，在相关情况下，符合标准是一个合适的术语。

[39] 全面质量管理的典型账目，不能表明工业生产和提供服务之间的明显区别。关于此区别的讨论，请参阅 James L. Heskett, *Managing in the Service Economy* (Boston: Harvard Business School Press, 1986). 事实上，全面质量管理实践的来源领域就是工业和公共事业。进一步研究，不能表明工业生产和提供服务之间的区别是全面质量管理的主要障碍。

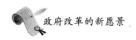
[40] 幕后的原因是领导集团对机构思想的影响。请参阅 Morgan，Images of Organization，19-38.

[41] See JoAnne Yates, *Control through Communication*：*The Rise of System in American Management*（Baltimore，Md.：Johns Hopkins University Press，1989），1-20. 按照 Yates 的说法，控制和系统的概念在 19 世纪 90 年代就已经发展成为管理哲学了。

[42] 关于经常出现的原则与实际操作不匹配的讨论，请参阅 James Q. Wilson，Bureaucracy，333-345；and Steven Kelman，*Procurement and Public Management*：*The Fear of Discretion and the Quality of Government Performance*（Washington，D. C.：American Enterprise Institute，1990），88-90.

[43] 如上所述，全面质量管理运动没有把重点放在遵守程序上。如果研究这一种观点，应该从找出遵守执行办法和确保质量的检测办法的相似之处着手。在诊断执行办法中存在的问题时，以往的检测经验可以被用作源领域。同样地，当研究一种更好的遵循办法时，全面质量管理用来检测的首选项也可以被用作源领域。从后官僚制的观点来看，全面质量管理不应该成为这个唯一的源领域。其他的源领域包括美国政治理论中关于自由和公民的共和党分支以及最新的服务管理经验。

[44] 关于在社会规范条件下面向执行结果的讨论，请参阅 Eugene Bardach and Robert A. Kagan, *Going by the Book*：*The Problem of Regulatory Unreasonableness*（Philadelphia：Temple University Press，1982），93-119.

[45] See J. Richard Hackman and Greg R. Oldham, *Work Redesign*（Reading，Mass.：Addison-Wesley，1980）.

[46] See generally, Joseph Raz, "Introduction," *Authority*, ed. Joseph Raz（New York：New York University Press，1990），1-19.

[47] See the discussion of good and bad apples in Bardach and Kagan, *Going by the Book*, 124.

[48] See Jeffrey A. Roth and John T. Scholz, eds. , *Taxpayer Compliance*：*Social Science Perspectives*, vol. 2（Philadelphia：University of Pennsylvania Press，1989）；Malcolm K. Sparrow, "Informing Enforcement"（Cambridge，Mass.：n. p. , December，1991）；Mark H. Moore, "On the Office of Taxpayer and the Social Process of Taxpaying," *Income Tax Compliance*, ed. Philip Sawicki（Reston，Va.：American Bar Association，1983），275-292；Manuel Ballbé i Mallol, Catherine Moukheibir, Michael Barzelay, and Thomas D. Herman, "The Criminal Investigation and Prosecution of Tax Fraud in Advanced Societies"（Madrid：Ministry of Economy and Finance，Instituto de Estudios Fiscales，September 1991）；and

State of Minnesota, Department of Revenue, "Strategies for the '90s" (St. Paul, 1990).

[49] 关于组织在作为技术工具和政治团体之间区别的经典论述，请参阅 Philip Selznick, *Leadership in Administration: A Sociological Interpretation* (New York: Harper & Row, 1957). For a recent argument along similar lines, see Albert O. Hirschman, *Getting Ahead Collectively: Grassroots Experiences in Latin America* (New York: Pergamon, 1984).

[50] Robert A. Dahl and Charles E. Lindblom, *Politics, Economics, and Welfare* (New York: Harper Bros. , 1953), and Charles E. Lindblom, *Politics and Markets* (New York: Basic Books, 1977).

[51] Alfred D. Chandler, Jr. , *Strategy and Structure* (Cambridge, Mass. : MIT Press, 1962).

[52] 另一个有价值的概念是"策略"，特别是 Lax and Sebenius, *Manager as Negotiator*, 261-268.

[53] 该定义受以下著作的影响：Mark H. Moore, "What Sort of Ideas Become Public Ideas?" *The Power of Public Ideas*, ed. Robert B. Reich (Cambridge, Mass. : Harvard University Press, 1990), 55-83; and Ronald Jepperson and John W. Meyer, "The Public Order and the Construction of Formal Organizations," in *The New Institutionalism in Organizational Theory*, ed. Walter W. Powell and Paul J. DiMaggio (Chicago: University of Chicago Press, 1991), 183-203.

[54] 如上所述，公共部门中的服务和产品，通常被用象征性的方式定义。在公共部门的管理思想和管理实践中，结构化的象征应该给予足够的重视。请参阅 Michael Barzelay and Linda Kaboolian, "Structural Metaphors and Public Management Education," *Journal of Policy Analysis and Management* (Fall 1990): 599-610.

[55] See the principles discussed in chapter 7.

[56] 官僚制范式将注意力放在职能和非操作目标上，而不是放在创造一个令人满意的事物状态上。术语"成果"在这种情况下的含义，与在关于国家政策的学术著作中不一样。在学术著作中，"成果"的概念一般是指，国家政策干预下最终想要的结果。在这里，"成果"可以是组织工作的准确结果。例如，工厂管理想要的成果包括干净的厂房和满意的顾客。

[57] Herbert A. Simon, Donald W. Smithburg, and Victor A. Thompson, *Public Administration* (New York: Knopf, 1950), 513.

[58] 责任是受个人环境影响的一种心理状态，这一论点在 Hackman 和 Oldham 的 *Work Redesign*，71～98 页中有进一步的讨论。同样地，其他社会心理学

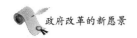
家，在实验的基础上得到结论：责任感可以提高人们对社会评价的关注，他们想表现得有思想、合逻辑、勤奋刻苦，从而打消了闲逛的念头。请参阅 Elizabeth Weldon and Gina Gargano, "Cognitive Loafing: The Effects of Accountability and Shared Responsibility on Cognitive Effort," *Personality and Social Psychology Bulletin* (1988): 160, cited in Robert E. Lane, *The Market Experience* (Cambridge, England: Cambridge University Press, 1991), 49.

[59] Robert Nozick, *The Examined Life: Philosophical Meditations* (New York: Simon & Schuster, 1989), 174. Nozick 还指出，对于完美、正直的一生，有责任感是必不可少的。Rogers M. Smith 应用 Lockean 的政治理论，也得到了同样的论点。请参阅 *Liberalism and American Constitutional Law* (Cambridge, Mass.: Harvard University Press, 1985), 205-206.

[60] Hackman and Oldham, *Work Redesign*, 77-81. For a recent summary of the literature on intrinsic and extrinsic motivations at work, see Lane, *Market Experience*, 339-371.

[61] Simon, Smithburg, and Thompson, *Public Administration*, 508-509.

[62] Allen Schick 提出了一个和官僚制范式这方面有细微差别的论述："消费机构通常表现得像一个要求者，但是，它们中的大多数总有办法来节省地使用它们可得到的资源……同样地，中央预算办公室在节约资源方面，能够起到带头的作用，但是，对于它感兴趣的用途，它偶尔也会表现得像个要求者。预算办公室通常认为，应当为某些项目提供比这些项目所要求的还多的资金。"以上出自 "An Inquiry into the Possibility of a Budgetary Theory," *New Directions in Budget Theory*, ed. Irene S. Rubin (Albany: State University of New York Press, 1988), 65.

[63] See Peter Hutchinson, Babak Armajani, and John James, "Enterprise Management: Designing Public Services as if the Customer Really Mattered (Especially now that Government IsBroke)" (Minneapolis: Center of the American Experiment, 1991); as well as the fiscal 1992-1993 budget instructions for Minnesota state government, reproduced as appendix 3.

[64] 许多读者，可能会把这些职责看成是著名的"管理七职能论"的一部分。在以下著作中，曾给出了计划、组织、指挥、协调的定义：Luther Gulick, "Notes toward a Theory of Organization," in *Papers on the Science of Administration*, ed. L. Gulick and L. Urwick (New York: Institute of Public Administration, 1937), 3-45; Joseph L. Massie, "Management Theory," *Handbook of Organizations*, ed. James G. March (Chicago: Rand McNally, 1965), 387-401; and Simon, *Administrative Behavior*, 123-153.

［65］那些阐明、描述、重申并且/或者推广这些概念的作者包括 Mary Parker Follett，Peter Drucker，Herbert Simon，Philip Selznick，Warren Bennis，Donald Schφn，J. Richard Hackman，Harold Leavitt，James Q. Wilson，Rosabeth Moss Kanter，James Sebenius，James Heskett，Robert Behn，Philip Crosby，Thomas Peters，and Robert H. Waterman，Jr. These conceptual themes continue to be extended in the public management literature by such writers as Jameson Doig，Steven Kelman，Mark Moore，Ronald Heifetz，Philip Heymann，and Robert Reich.

［66］经过对本书一些研究成果的讨论，那些在第 3 章至第 5 章中提到的明尼苏达州的发展过程，速度大大提高了。

附录1
行政部策略（1986）

 ## 行政部投资和管理策略

行政部

137 行政部（DOA）为州长、州议会、本州各机构以及由一般拨款资金或周转资金拨款的地方政府部门提供服务。

该部门在承担财务基线审查时的目的是，制定筹集资金和管理行政部财务活动的策略。特别是，此审查旨在加强行政部业务对州议会和客户机构的责任感。

这种基线审查的方法和其他部门的方法有着本质上的区别。根据双方协议，行政部和财政部认定，投资基数问题的提交，和发放周转资金时对州议会负责，是头等重要的事情。

在本报告的结论中，建议将本策略应用到的 1988—1989 财政年度行政部的两年预算中。

概　览

目　的

行政部为了决定最佳投资基数，和提供服务的各部门的管理策略，而承担了基线审查的责任。

背　景

这些年来，州议会为行政部业务提供资金时，不仅使用了普通资金，而且使用了周转资金。在不同的时期里，资金来源的转换也时常发生。

此外，州议会还对它在监督周转资金的使用过程中所发挥的作用表示了关注。过去，两年预算程序并没有为州议会提供他们在这方面所需的手段。

本文简要描述了从普通资金和周转资金中选择最适当资金来源的一个策略。本文还进一步指出了两种周转资金之间的重要区别——一种是机构可以自由选择服务的来源，另一种是明确规定要使用行政部提供的服务。这三种资金必须用不同的方法来管理。

目 标

本服务管理策略设法达到以下几个目标：

- 使用最有效的方法来提供特定服务。
- 增强责任感，加强对业务的控制。
- 刺激消费者善加利用行政部提供的服务。
- 为业务主管提供一定的灵活性，以便更好地满足客户需求。

第一部分中有关于背景和目标的详细资料。

服务管理矩阵

普通资金和两种类型的周转资金，导致了行政部服务在管理和投资方面三种不同方法的产生。

类型一：全州范围的领导和控制服务 将主要通过州议会的普通拨款来提供资助，因为它是为全州，而不是为某一机构提供服务的。此方式具有如下的特点：

- 主要顾客是纳税人、州议会和州长。
- 享受服务的机构在决定服务的来源和数量方面没有选择权。
- 州议会通过拨款的方法，控制拨款数额。
- 未用完的资金要返还给普通资金。
- 由州长和州议会决定生产力投资决策。
- 州长和州议会通过预算程序实施监督和控制职能。

类型二：公用事业服务 由内部服务周转资金提供拨款。因为规模经济能使中央管理服务发挥出最大效率，因此这些服务被行政部所垄断。此方式具有如下的特点：

- 顾客是本州各机构和地方政府。
- 顾客可以选择所使用服务的数量，但不能选择其来源。
- 按获利多少来分摊成本并确定服务费率。
- 费率的高低按收支平衡原则设定；多余的收入可以用较低费率的

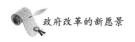

形式返还给顾客，或者用于生产力的投资。

- 应当成立一个顾客服务专门小组，用来为生产力投资和费率提供建议。
- 费率最终由行政和财政部门确定并经立法审核。
- 州议会通过给顾客服务的拨款来控制经费。

类型三：市场竞争服务　由企业周转资金提供资助。由于比其他提供者有一定的竞争优势，所以由行政部来提供这些服务。此方式具有如下的特点：

- 顾客可以自由选择服务的来源以及服务的数量。
- 服务所收费用是由市场决定的。
- 市场控制着经费。当收入减少时，经费也要相应地减少。
- 商业计划由行政部制定并批准，并由州议会审查。
- 利润将返还给普通资金或用于新的生产力投资。
- 不获利的业务，与市场中的其他企业面临着同样的命运——歇业。

第二部分中有关于服务矩阵的详细资料。

建 议

根据以上策略，行政部作出如下建议：

- 一些业务应从使用周转资金转到使用普通资金。
- 一些业务应从使用普通资金转到使用周转资金。
- 由于其关键性能，一些服务目前不是由行政部提供的，应考虑使用普通资金拨款。
- 应实施一些管理上的新方法，例如在州议会中使用较好的记账方法。

第三部分中有关于建议的详细资料。

第一部分　序言

为了给行政部业务的投资和管理制定一个策略，就非常有必要把州政府中的普通资金和周转资金区分开来。普通资金很容易理解。它是通过州内税收（主要是收入税和销售税）来筹措资金的，并且州政府绝大部分的普通业务是由其投资运营的。州议会把筹措到的普通资金划拨给本州各机构来达到一些特定的目的。

由于概念上的根本不同，周转资金就不那么容易理解了。周转资金不能从州内税收中获得资金，州议会也不为其拨款。

当政府使用统一的资源为全州提供服务而获得利益时，就需要设立周转资金。其他州机构可能会被指定使用某种集中化服务，也可能是随意选取的。但在这两种情况下，它们在使用集中化服务时，都要交纳一定的费用。

费用是根据预设的比率来确定的。提供服务的机构，必须根据一个假定的营业额来收取费用，以便为这些服务提供充足的资金。如果收入超出了运营的花费，那些剩余被用作未来的投资，或者在将来减少这一比率。如果收入达不到要求，业务管理者就要作出如下反应，如降低成本、增加营业额、提高税收或结转业务运营中的损失。被结转的业务运营中的损失必须被追回。业务活动的财务会计制度，是以公认会计原则为基础，并且在制定损益表及决定资金权益时，使用应记发生记账制和资产折旧等方法。

总而言之，周转资金的运营就像商业运营一样。它的成功依赖于顾客的需求和良好的管理技巧。周转资金业务活动的审查和普通资金不同。在评估周转资金时，审查费率和收入是非常重要的。但因为业务的规模依赖于顾客的需求，所以审查支出则不像在普通资金中那么重要。因此，周转资金的开支不依赖于拨款，而是依赖于客户的需求和收入。

现在有两种周转资金。内部服务资金为其他州机构提供有偿服务，企业资金的大部分顾客则不属于政府部门。企业资金自行设定他们的价格和费率，但内部服务资金则需将他们的费用提交给财政专员批准。除了这两个不同点，内部服务资金和企业资金的运作都同商业运营相似。这两者合称为周转资金。

由于普通资金和周转资金存在的这些不同，所以确定它们的优势和劣势是非常重要的。每种资金都有它的好处。有些业务活动适用于普通资金，而另一些则适用于周转资金。本文的目的就在于为行政部提供一个使用普通资金和周转资金的框架方针。同时也提出基于新框架方针的建议。

周转资金

周转资金的主要优势在于，它可为那些稀缺的公共资源提供一个最佳分配方法。其他的优势为：

141

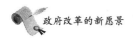

● 由消费者的要求、服务的价格和质量等的市场因素决定是否使用一项特定服务。

● 一项服务是否被使用，为管理者和决策者提供了一些关于服务价值的宝贵的信息。这些信息被用来决定行政部是否应继续提供这项服务。

● 周转资金对客户需求的变化会作出响应。在社会需求发生变化时，政府不能及时作出响应而受到责备是合理的。按照市场原则运营的周转资金，必须对其服务客户的需求变化作出响应，或者停止运营。

● 接受周转资金服务的消费者，要有更多的成本意识，因为剩余资金可用来提高服务水平或降低费用。

● 由于收入依赖于消费者的自愿交易，而不是拨款，所以会刺激服务的提供者提高效率。

● 业务管理者在成本、质量、供应和及时满足顾客需求方面负有更大的责任。

● 要为投资计划做准备，就应当授权给服务提供者，使之以投资返还给业务管理者的账户为基础，来进行资本投资。

142

● 促使业务管理者考虑顾客将来所需的服务。

过度使用周转资金机制，会导致决策者要求那些不宜用周转资金机制投资的业务使用该机制来筹措资金。这种现象，将导致那些为广泛公共目的提供服务的业务不能被充分利用，或者根本筹集不到资金。其他的缺点是：

● 由于没有拨款，所以州议会在审查周转资金时就会花较少的时间。这会使我们感到在周转资金的业务活动中缺乏法律控制。不过，立法机关有充分的资料来审查机构的花费和周转资金的运营情况。

● 购买某些服务的花费，可能会导致机构即使业务上需要也不使用该服务。例如，有这样一种担心，如果 AG 办公室提供服务而收费，一些机构为了省钱，将会尝试一些不合乎法律要求的行为。

● 由于周转资金不能使用州普通现金资源，所以很难达到现金周转的需要。

普通资金

周转资金的建立和使用并非适用于所有的业务。行政部为其他的州部门和当地政府部门提供一大批不适合用周转资金筹资的服务。这些服务的特性使普通资金拨款成为最适合的筹资机制。它的一些优势是：

● 普通资金服务的目的是推广公共政策。例如，确保从第三方供货商那里以最低的价格购买商品和服务，是行政部的法定责任。如果由各州机构独立购买商品和服务，那该州将会失去巨大的购买力。

● 一些服务的直接受益人不愿被人所知。该部门提供的服务，不仅会使一个机构受益，在某些情况下还会使公众受益。

● 全州作为一个整体从该服务中所获的利益，多于各机构所获的利益，或者同样多。这些全州范围的利益，可能是由于对集中化信息或控制和监督服务的需求而产生的。

● 服务的接受者是根据需要决定的，而不是根据机构的支付能力。　*143*

● 服务的整体水平不取决于客户需要或需求；而是拨款控制。

州议会通过拨款过程来审核资金。拨款的多少决定新的投资和服务的规模。

其缺点是：

● 未用完的拨款返还给普通资金。这样就会鼓励花钱，不利节约。

● 由于该服务对顾客来讲是免费的，因此，使用的必要性可能还未经严格审查，就已经使用了该服务。

● 由于节省的资金不能结转，人们就不去做长远的打算。

周转资金或普通资金

在决定使用周转资金还是普通资金机制为一个部门提供经费之前，有一些争议和问题必须要解决。下面一些问题的答案可帮助作出决定：

● 是否存在这样的一个广泛的公共政策，考虑到了所有顾客服务价格的前后一致性？

● 是否存在要求州机构使用行政部提供服务的法律要件（法律、法　*144*
院指令、数据保密问题）？

● 这项服务是否只能由行政部提供？

● 这些服务只有一个可确定的用户还是有多个用户？

● 服务和产品的递送是否可计量？还是这些服务有这样一个特性，使它不能分割计量，因此使服务的价格很难估算？

● 是否根据服务的需求和用途来确定服务的收费？

● 顾客是否能负担起全部服务的费用？

服务活动分类方法学

部门在解决审查出的问题时，应做到以下几点：

● 引入集体访谈法，选择那些非行政部门又熟悉行政部所提供服务的行政管理者，提供关于基层审查工作的资料。

● 要求部门管理者提供关于审查工作的反馈意见和建议，特别是那三个主要种类的审查，它们用在决定何种部门业务才能适合各个种类的分析中。

● 审查部门业务分类的标准。

● 把该标准应用到该部门当前活动中，以便使每项业务属于三个主要类别之一。

● 接见并给州立法委员和立法机关员工作指示。

● 研究该部门业务的投资和管理策略。

 ## 第二部分　行政部服务管理矩阵

基于在本文序言部分讨论过的问题，我们的挑战是确定合适的拨款基数，并且为行政部提供的每项服务制定管理策略。为了完成这项任务，本文的作者与财政部、其他州机构的管理者以及行政部门业务的管理者一起，研究出了一个服务管理矩阵并提交给州议会。

关键行为人的观点

在研究这个策略的过程中，行政部广泛征求了与此成果有重要利害关系的本州各政府团体的意见。下面概括了各个利益团体关注的主要问题。我们的整体策略就是为了在最大程度包容这些观点。

1. 行政部业务的监督者包括：立法委员、州长、财政部以及行政部的领导者。

本观点要求策略强调以下几点：

● 从全州的观念出发，提供行政服务的最佳解决方案。

● 效率的全州观。

● 在行政部的业务以及顾客使用行政部服务等方面进行成本控制。

● 责任感。

2. 行政部服务的用户包括：立法委员、州长、州机构以及地方政府部门。

本观点要求策略强调以下几点：

● 明确指出客户对行政部门的期望值——服务的质量和标准。

- 要尽可能降低服务的成本——以价值为本。
- 行政部服务要有利于管理目标的实现。

3. 提供各种行政服务的行政部业务管理者。

本观点要求策略强调以下几点：

- 效率——用最低的成本提供服务的能力。
- 客户的满意程度。
- 灵活性——抓住机会，使行政部业务能更好地为客户服务的能力。

目　标

基于这些观点，设计服务计划策略时应满足以下目标：

1. 使用最有效的方法来提供一项特定服务。

2. 赋予更多的责任及这些业务的控制权。

3. 鼓励客户对行政部服务善加利用。

4. 赋予业务的管理者一定的灵活性，以更好地满足顾客的需求。

该矩阵（在下页中有详细描述），为三种完全不同类型的行政部服务，在筹集资金和管理方面描述了一个明确的策略。

类型一：全州范围的领导和控制服务

第一，行政部提供的许多服务，要求在各种管理问题上，使用一个全州的、广泛的观点。材料管理署提供的购买服务，房产管理署提供的空间规划，信息管理署提供的全州信息规划，都是这类服务的例子。通常，行政部被赋予了这些业务的立法委任权，用来控制并监督其他州机构。由于这些服务的主要目的是为了全州的利益，而不是为个别机构的利益，所以它们应当通过普通资金的方式筹资。

行政部同时也提供其他的全州范围的服务，它们也适合采用普通资 *146* 金拨款的形式。这些服务既对全州有重要的益处，又对某个特定机构有益。但是，向机构收取服务费，会妨碍服务的使用。用普通资金来资助这些业务，可以使机构在资金允许的最大范围内使用这些服务。这类服务的例子有：雇员援助计划，州房屋建筑署建筑问题的协商，使用州建筑条例来审查建筑计划。

类型二：公共事业服务

第二，一些服务通过利用资源的集中管理来达到最高的效率。属于这一类型的行政部业务包括：州议会综合大厦的空间管理，全州数据和语音通信网络的利用，以及大型计算机的使用。目前，这些服务项目是通过内部服务周转资金来筹资的。因为纳税人的利益要求州机构使用中

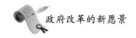

央管理资源提供的这些服务，所以存在某种垄断。我们把这类服务归为公共事业的原因是，这些业务的筹资和管理策略，与州政府管理公用事业的方法类似。

类型三：市场竞争服务

第三，行政部提供某些服务的原因是，与其他相同服务的提供者相比，它有某种竞争优势。机构在是否选择由行政部来提供这些市场竞争服务的问题上，有完全自主的选择权。这类服务的例子有：计算机程序设计服务，缩微照相产品，数据录入以及材料调拨。行政部在提供这些服务时，要同州机构、其他社团机构以及私营部门提供的内部服务竞争。这种服务的理论就是，自由的市场竞争，能够使州各机构，最终是纳税人，选择最有成本效益的方案。

服务管理矩阵

服务管理矩阵概括了行政部针对三类不同服务的筹资和管理策略。在下面几页中，我们将对各类服务作更详细的描述。

类型一：全州范围的领导和控制服务

服务：这些服务的设计目标，主要是为满足全州的需求，而非个别机构的需求。例如，行政部可能会利用全州商品合同，要求州机构使用符合某种标准规范的产品。尽管机构有权选择一个更适合其个体需求的特定产品，但是为了满足全州效率的要求，它们还是会使用符合标准商品合同的产品。

147　　　许多此类服务，还要满足特定行政部门和立法机关提出的，行政部监督和控制其他州机构的要求。例如，州长和州议会已经授权行政部，要求它在购买资料处理设备、影印机，专业技术咨询合同以及空间应用等方面实施行政控制。

在这类服务中，还包括行政部为全州而不是某个特定部门的利益提供的服务。此类服务的例子有：雇员资助计划，由行政部对正式场所和州议会大厦周边的维护。

顾客：这些服务的顾客是由州议会和州长所代表的纳税人。行政部为这些服务直接对州长和州议会负责。因此，普通资金最适合它。

顾客选择权：虽然行政部门努力以一种能为各独立机构的管理给予最佳支持的方式来提供服务，但机构没有选择服务数量和类型的权力。这些决议都是由州长和州议会作出的。

定价：州议会通过给行政部的拨款为这些服务提供资金，客户无须为服务支付费用。

经费控制：州议会、州长、财政部以及行政部执行长官，通过正常的预算编制以及预算管理过程，对这些服务职能实施经费控制。

监督：州议会、州长以及行政部执行长官直接监督这些业务。全面的预算审查及拨款控制，使州议会能够积极参与到确定服务方向的决策中来。

资金余额：和其他普通资金资助的服务一样，在每个财政年底，未用资金将全部取消并返还给普通资金。不同于第二、三类的是，业务管理者没有为这些服务减少成本的动机，因此通常他们都会把最初拨款基本花完。

生产力投资：投资被看作预算过程中的变化需求，并且需要州长和州议会的正式批准。

问题：

有关这些业务监督和控制方面，有两个问题需引起管理者和立法委员的注意。第一，州机构非常乐于接受行政部的监督和控制。但是，在州机构管理者所认为适当的此类服务，和行政部、州长、州议会所认为的适当服务之间，存在一种对立平衡关系。由于情况经常变化，所以州议会和行政部门，需要经常就各种受行政部控制和监督的服务的效力交换意见。

第二，提供大多数此类服务的原因，是因为他们最终会为纳税人节约资金。但是，需经常检查一下，通过监督而产生的节约是否比提供监督所需费用要多。例如，法令要求行政部对便利复印设备的购买实行预先审查，这是控制便利复印设备滥用的明智方法。但是，由于复印机技术的改进，行政部复印中心使用频率的明显增加（市场竞争服务提供了高速度、低成本的复印服务），以及标准商品合同在复印设备方面的扩展，都导致了一个严重的问题：州政府通过控制购买复印机所节省的资金，是否比提供该控制的花费多。

行政部

全州范围的领导和控制服务（类别一）
当前全州范围领导和控制的业务
风险管理咨询
小企业政府拨款计划

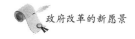

集中采购

全州固定资产清查

合同管理

集中邮递

雇员援助计划的咨询、培训研讨会

提倡志愿者主义及公私合作

办公自动化的咨询、技术支持及标准

制表及记录业务

全州电话交换机和电话目录

电话系统设计及咨询

911 应急电话系统

数据保密管理法案

建筑条例计划的审查、咨询及认证

场地出租和场地规划

土地收购和出售

149 能源节约计划

建筑项目的管理和设计

建议提供的全州范围领导和控制的业务

资源回收（再生）咨询及技术援助

信息系统结构、标准、合同以及企业分析

地方政府档案管理方案

关键信息系统的灾难恢复计划

全州关键性信息系统的升级

庆典活动场所的维护

类型二：公共事业服务

服务： 一些行政服务通过利用中央管理的资源来使州机构达到最高的效率。规模经济使这些服务最实用的方法是实行集中化，而不是让各州机构为自身单独提供这些服务。这类服务的例子有：全州范围的电信网，中央主机电脑及为综合议会大厦提供办公空间。

顾客： 这些服务为各个州机构及地方政府部门的管理提供支持，而不仅仅为全州范围的需求服务。因此，州机构及地方政府部门是该服务的"顾客"。这些服务通过内部服务周转资金来筹资，因此，每个顾客都要分担该服务全部花费中相应比例的费用。

顾客的选择权：根据定义，公共事业服务大都是集中提供的，所以顾客不能选择服务的来源。例如，允许州机构建立自己的全州范围的电信网或允许它们租用圣保罗商业中心的地段，而让州立建筑物空闲将是一种浪费。因此，公共事业的顾客在服务来源上，有且仅有一种选择。

但是，顾客确实有权选择使用的服务量。因此，通过周转资金来为该服务筹资是一个明智之举。要求顾客合理地承担部分费用，将促使他们不会滥用这些服务。

既然行政部拥有公共事业服务的垄断市场，所以重要的是，顾客对他们能从公共事业中获取哪些服务要有一个明确的期望。这些在与每个顾客签署的服务级合同中有明确的说明。同样的，行政部起码要估计每年客户所需服务的总量，以便能够确定一个费用，刚好使之与服务所需费用相抵。因此，在服务级合同中，顾客要提供一个他们在此期间计划使用服务的相当准确的估计。

定价：公共事业服务的收费是根据非常明细的成本会计方法确定的。 *150* 绝大部分情况下，顾客根据他们得自于这些服务的利益，为公共事业服务支付费用。行政部通常把这些服务的收费，与私营部门或选择其他社会资源提供该服务时的收费加以比较，来决定它是否有竞争力。

经费控制：因为这些服务是在垄断的环境中被提供的，所以要求严格控制收费。控制收费远比控制花费有效。收费标识出了每个产量单位的成本——从根本来说，也就是纳税人的底线成本。为了降低收费，业务管理者必须密切监视和控制收益和费用。但是监督这些公共事业的执行者及立法委员，应当集中精力控制那些反映纳税人底线成本的费用。

监督：公共事业服务的三个方面必须要认真监督。

第一，在为顾客提供适当层次服务时，收费要尽量降低。第二，公共事业提供服务的本质和范围要认真监督。第三，为提高现有服务及/或提供额外服务的计划投资要被认真监督。

除了行为管理者自身，还有其他四个团体，在监督公共事业服务方面承担着各自的任务。

1. 行政部执行长官认真审查收支计划，设定收费目标，控制这些业务使之适合于目标，以及把州议会、州长以及顾客的期望转化为具体行动，并且审查财务报表，以确保资金的稳定性。

2. 一个代表顾客的专门小组，向财政和行政专员提出有关公共事业提供的服务种类、服务的层次、投资议案以及费用议案等方面的建议。

3. 财政部代表州长，确保公用事业为全州范围内的行政服务提供一个最佳解决方案，审查和控制费用，以及批准投资议案。

4. 州议会在这些服务措施上给予最终全面的指导，并据此决定资助何种服务，每年审查一次费用和财务报表。最重要的是，州议会通过为享受服务的州机构拨款的方式，来控制财政支出。

实施公共事业服务监督权时，用两个重要的手段。第一，业务管理者提供的年收费成套资料中，描述了所有需要监督的关键因素：财政收入的预计，开支计划，服务级别，投资建议，净利润的调整，以及最重要的一方面：计划费用的底线。第二，每种资金的财务状况通过季度财务报表监控。与只监控预算相关支出的普通资金财务报告不同，周转资金财务报表描述了一个完整的经济情况。财务报表包括资产负债表（包括普通资金的损益份额），显示收支明细状况的损益表，以及把该资金的财政活动和可用营运资金相比较而得到的现金流转量。

资金余额：每个财政年度底，以净收入形式所表现出的未用资金，将被用来降低来年的费用，或是为降低成本或/及提高服务质量作谨慎投资。通过每年的收费提案，行为管理者制定出利润再分配及/或弥补损失的方法。他们受到顾客专门小组的审查，并必须得到行政部执行长官和财政部的批准。

公共事业的业务管理者，力求设定一个费率，以做到使资金在每个财政年度终了时达到收支平衡。但是，我们非常鼓励管理者找到一个花费比他们得到资金要少的方法。他们会为此而得到奖励。这将通过如下的方法来实现：削减费用，提高生产力，利用每次节约成本的时机，或增加收入（特别是通过市场扩张）。例如，当地方政府部门可以使用全州的电信网时，就可以有效地节约他们在电信方面的部分费用。同时，维护电信网的原有固定费用，就分散给了一个较大的用户层，从而降低每个用户的费用。

生产力投资：行为管理者时常能够发现机会，作出一个可以降低费用或改善服务，或两者兼而有之的投资。例如，通过大型计算机中央处理器的升级，顾客能只需利用大约以前一半的计算机资源，就能完成事务的处理。这有效地降低了顾客的费用，并扩大了大型机的容量，以满足不断提高的顾客需求。

此类投资由以下两个要素来判断：

a）这项投资能产生怎样的预期金融回报？

b）投资的必要性是否可以表现为服务的改善？投资议案在年费成套资料中有说明，因此，要求上面提到的监督费用的那些人员，作出完整详细的审查。

问题： 一些有关公共事业服务的问题应当引起管理者和立法委员的重视。

152

第一，既然行政部垄断这些服务的市场，所以公共事业必须受到谨慎的管理。然而，这些法规不能降低周转资金相对于普通资金的优势。这些优势包括：

- 鼓励用户控制服务的使用量。
- 改变服务以满足顾客需求的灵活性。
- 鼓励业务管理者降低费用。
- 累进制会计。
- 进行投资时的管理远见。

保持这些优势并同时带来更大责任感的最佳方法，是控制收费而不是开销。这就需要州议会仔细审查费用方案及财务报表。

第二，公共事业的顾客是无选择权的。因此，他们需要一个如同顾客专门小组（参见建议部分）一样的机构来提供意见。

第三，根据定义，机构必须从行政部购买公共事业服务。使用集中服务时，是否应要求善加控制和规模经济？或者，机构通过购买过程或合同过程来获得商品和服务时，是否应赋予其一定的灵活性？我们对所有业务都要考虑这些问题，以决定它是一个垄断行为还是市场行为。

第四，机构是否愿意保留某些稳定的商业活动关系，以便确保公共事业的资金的稳定？行政部公共事业和顾客之间采用服务合同方式，有助于提高收费及服务的稳定性。

行政部

公用事业服务（类别二）
当前公用事业的业务
州立登记处
交通工具出租
大型计算机作业
非大地区长途电话服务
电信通信网络

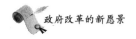

州议会综合大厦及地产

建议提供的公用事业的业务

职业保健服务

州立档案中心

153 **类型三：市场竞争服务**

服务：这些服务包括了多种业务，州机构在使用行政部、自己内部还是其他的外部提供者的服务方面，有自由的选择权。由于这样或那样的原因，行政部比其他对手有竞争优势，所以它参与了这个市场的竞争。

例如，行政部为州各机构提供微缩拍摄服务。通过微缩拍摄那些重要但极少使用的档案和文件，州机构可明显减少储存文件的费用。除行政部之外，还有私营部门可以提供符合州标准和规格的公文微缩拍摄服务。行政部占有了这个市场中相当大的份额，这不仅因为它的价格比其他提供者有竞争力，还因为它可以提供更好的机密数据保密，而且能为顾客提供更多的便利，另外，它熟悉州各机构的运营，使其更好满足机构的需求。

顾客：行政部市场竞争服务的顾客主要是州机构。地方政府部门、私营非营利性公司以及普通大众也是某些服务的顾客。例如，联邦企业储备资金、档案中心以及州立登记处，除了州机构外，都有其他的用户。

顾客的选择权：行政部市场竞争服务的顾客，在服务的来源及使用的服务量上都有完全的选择权。因此，机构就会为了它们能获得最佳价格和价值而去货比三家。如果州机构或其他行政部市场竞争服务的顾客选择了其他的服务来源，行政部必须相应地削减它们的支出。如果最终它们不能用有竞争力的价格提供适当品质的服务，它们就将关门大吉。

定价：市场竞争服务的价格是由业务管理者基于许多因素而设定的，这些因素包括：提供服务的成本，市场的走向，市场动因刺激的发展，以及顾客的来源。与公用事业形成鲜明的对照，价格不单单基于成本摊销。例如，在一个州机构计算机程序设计的投标中，业务管理者就不能只考虑提供该服务的成本，而且要考虑到员工的能力，其他商业机会的前途以及这个具体工作的适用范围。同时，员工的背景也影响着投标。

154 **经费控制**：行政部市场竞争服务的花费，主要由州长和州议会，通过监督使用有偿市场服务的州机构的预算来进行控制。另外，行政部的业务管理者、执行长官以及财政部也认真监视着每项业务的财务状况。年度商业计划制定出销售、支出以及价格。另外，该计划还指明了市场

型的发展方向以及生产力投资的机会。

既然市场有效控制着底线（服务的消费者能获得的价值），所以业务花费由业务管理者以外的人直接监督，既不合适，也没有成效。

财务月报使业务管理者可以监控收入，并据此调整开支。

监督： 业务管理者努力为他们的顾客提供有价值的产品和服务，并因此获利。行政部执行长官，通过仔细审查和批准制定收入、支出、利润，确定投资及市场增长时机的年度商业计划，来监督这些行为。行政部的执行长官同样审查财务月报和财务季报。后面两种报表同时也受到财政部的审查和审批，以确保资金的财政稳定性。

最终，州议会通过审查年度商业计划及年度财政状况来监督这些行为。当州议会设法利用这些资金赢利时（为了纳税人的利益），还要保证州机构为这些资金的支出负责。

市场为这些业务提供了最好的控制，过分控制只会干涉市场的力量。因此，为了有效地参与竞争，这些业务管理者被赋予了高度的自主权和灵活性。他们同样要为业务的盈利负责——市场的最终力量来自优胜劣汰。

资金余额： 我们鼓励业务管理者进行盈利性的经营。从某种程度上说，资金可以创造利润，这些剩余的资金应定时返还给普通资金。资金的返还每半年一次，并且对此在资金商业计划中应有一个预计。返还给普通资金的目标金额，需要同财政部协商并得到其批准。

既不是所有的市场竞争业务都可以产生剩余资金，它们也不被期望做到那样。只要这些业务能够为其顾客提供节省成本的选择，就能为纳税人提供良好的服务。例如，材料管理署的一项业务就是，从联邦政府取走过剩财产，并供地方政府非营利团体使用。因为必须把价格保持在最低水平上，所以该资金几乎不能赢利，这没什么。另一方面，档案中心把出版物和其他资料出售给公众。虽然其价格是合理并有竞争力的，但还是可以期望小有利润的。（去年，该资金把累积赚取的 125 000 美元返还给普通资金。）

生产力投资： 市场竞争服务的投资是以预期的回报为基础的。业务 *155* 管理者基于合理概率的风险投资，使他们在市场上能更有效竞争。既然市场力量可以很有效地控制这些业务，所以业务管理者的工作就是作出重要的投资决定。投资的现金既可来自于净收入，也可来自财政部的贷款。净收入还可以每两年一次，作为利润返还给普通资金。因此，在年

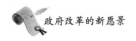

度商业计划中简要描述过的投资决议，需同财政部进行协商。

问题： 在市场竞争业务中，存在一些问题。

1. 在认可市场环境是否适合州政府情况时，一些问题需要权衡。一方面，在竞争的环境中运营，将鼓励尽量提高效率、降低成本。另一方面，市场业务在决定投资、费用和收入等方面，必须被赋予一定的自由度。

2. 在市场竞争业务的运营中，业务管理者需要一定的灵活性，来应对竞争环境中的变化。为了达到此目的，重要的是，立法委员及其他有监督责任的人员要对业务管理者有信心并信任他们。这一点，最好通过对市场基本法则的充分理解来实现。

3. 市场竞争业务不需要外部命令和经费，因为这会削弱其竞争力。这些业务自身必须能自由地决定投资方向。同样应能自由决定费用及费用结构。市场业务为将来投资而保留的收入，以及为了长期赢利而导致的短期亏损，都必须被接受。

4. 在购买商品及服务的问题上，必须信任州机构，让其选择最节省成本的方法。机构会为它们计划的运转争取最大数目的资金，但它们必然会选择最便宜、最有效的资源，以最大限度地减少其行政支出费用。

5. 把一项业务归为市场类型的一个风险是，这个业务可能不具竞争力并导致财政上的失败。那么必须允许这种业务的淘汰。如果一种业务的淘汰是不能被接受的，那它就不适合归为市场竞争服务。于是它们应被视作是公用事业服务或者一个全州范围的服务，因为高于一切的全州利益要求它被保留下来。因此，每个业务的正确归类是很重要的。

156   6. 市场竞争服务在某种程度上被视为是与私营企业的一种竞争。由于可以节省纳税人的金钱，所以这种竞争应被视为是我们所需要的。如果价格和质量是最好的，州机构只会选择政府提供的服务，而不会去选择私营的竞争对手的服务。

行政部

市场竞争服务（类别三）
当前市场竞争的业务
合作采购
中央售品部
可回收商品的出售

联邦过剩财产的出售

州属文件的出售和分发

寻址技术和嵌入技术

电子设备的出租

复印中心

数据录入

计算机程序编制

微缩摄影产品和服务

语音邮件

电子邮件

材料调拨

管理分析咨询

建议提供的市场竞争的业务

固定资产记录管理系统

机构内部印刷产品

特殊项目及对志愿者的培训

办公自动化培训和支持

记录系统咨询和教育

地方政府的电信服务

第三部分　建议

157

　　去年，州议会向这一策略的实现迈出了重要的一步。州议会决定把工厂管理处作为一个公用事业部门，而不是通过普通资金为它来筹资。

　　在此期间，我们还建议在其他方面做些改变。一些现在由周转资金筹资的业务应通过普通资金来筹资。相反的，我们同样建议，一些由普通资金筹资的业务，应转变为公用事业或市场竞争业务。另外，我们还为提高行政部的服务管理水平提出了许多建议。

　　以下业务应从周转资金筹资转为普通资金筹资：

　　1. 全州信息管理规划业务应通过普通资金筹资。目前，这些在某些方面已开展的业务，是通过 IMB 计算机服务费附加的间接费用来筹资

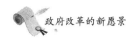

的。但是，从本质上来讲这些业务应属于第一种类型。全州层次的信息管理，可通过制定一个计划，来遏制计算机开发各自为政的增长。监督这个计划的执行不是一个直接服务，所以州机构不愿为此付款。行政部在制定全州性的计划，及根据已公布的标准、方针政策来进行控制等方面，应该直接对州长和州议会负责。现在全州的信息管理仅保持在最低的水平，原因是要得到足够的资金就会使其他计算机服务的费用变得过高。过去几年中，分散在各处的小型和微型处理器计算能力的提高，需要现在必须采取行动实现这个职能。

2. 州综合议会大厦公共庆典场所和法定免费场所的维护费用，应由普通资金提供拨款，而不是由州机构的租金支付。这些场所的维护费用，应由从这些场所中获益的及对产生这些费用负有责任的部门承担。州综合议会大厦中的正式场所，是为公众及他们的直接利益而设立的。它是一个在公共领域从事商业行为的象征，同时又是一种需要。根据条例的规定，大厦的免费场所是州政府发布政策方针的场所之一，并且是为全社会的利益服务的。综上所述，这两项业务都应通过普通资金来筹资。

3. 资源回收的一部分应通过普通资金筹资，因为它可以带来全州性的功效及环境的改善。目前，资源回收计划的总投资，还不能全部从其企业资金中获得。因此，这个计划还未被提倡并面临很大的财政困难。目前，该业务的综合管理以及环境的改善还不能增加收益。例如，一个州通过纸张回收，避免了运费及废物填筑方面超过 40 000 美元的浪费。但这种避免并不能使该资金从中获得任何财政收益。这些综合效益应当通过普通资金部分资助这些业务来加以认可。

158　　　4. 政府间信息系统咨询委员会，应通过普通资金筹资，而不是通过缴纳会费。政府间信息系统咨询委员会的目的，是为了促进地方政府体系规范的发展，以及增加州和地方政府的数据交换。它并没有提供州机构和地方政府部门愿意付费的服务。为了实现该委员会的目标，职员的工资应通过直接拨款的形式支付。

5. 地方政府的记录管理系统，提供全州性的指导和协调，所以应通过普通资金筹资。这个系统制定了记录管理和记录保存的标准，协助并鼓励地方政府实体使用全州统一的标准。这不仅使地方政府个体、州议会受益，同时也使与地方政府有联系的州机构受益。所以需要普通资金的拨款来维持这个系统。

以下业务应从普通资金筹资转为周转资金筹资：

6. 明尼苏达志愿者服务办公室应发展成部分通过捐赠和会费集资，而不是全部依靠普通资金的项目。该办公室可以为地方政府部门、非营利组织、追求利润的商行以及个人创造利益。它试图建立公私合作关系。同样，它也期望从商行和基金会得到偶尔的捐助，或是通过为其服务收取费用来收回投资。计划在未来两年努力实现这一目标。

7. 固定资产记录管理系统同时具有业务类型一和类型二的要素，所以应通过用户付款和普通资金拨款两种方式筹资。目前该系统全部由普通资金资助。该系统可以控制、监督本州的资产，并为本州的年度财务报告提供基本数据。另一方面，它能为机构提供其需要并愿意付款的服务，虽然以前机构从没有为此类服务付过款。该系统包含的一些信息，对机构的利益来说绝对是有益的，并可供机构任选。从某种程度上说，该系统为机构提供直接利益，并且机构可能有选择地使用这些服务。所以该系统应通过消费者付款的方式来筹资。实现付款资助多种选择的方法正在审查之中。

8. 州议会应当考虑改变材料管理署的资金来源。贯穿管理物资的整个过程，包含以下两种业务的要素：全州范围的领导和控制业务，规模经济的公用事业业务。而且能使顾客直接获益。材料管理可以提供集中化的信息以及保证以最低的价格购买，就此而言，它仍旧应当是一个由普通资金筹资的业务。但另一方面，材料管理的许多部分具有公用事业特征。物资管理服务的使用具有强迫性，顾客对这些服务的使用也是可以量化的。从而，机构使用物资管理业务的费用就能够被划拨并记账。把某种物资管理业务划归公用事业类的选择机制正在审查之中。

这些重要业务不是由行政部的公用事业完成的，急需解决。应考虑通过普通资金为他们筹资。

9. 全州性的关键信息系统的升级，应被视作全州的利益，并通过普通资金筹资。当各机构在他们的全州网络中继续使用陈旧的技术时，就会产生一个各机构都必须支付的整个系统基本开销。在全州网络中淘汰陈旧的技术会使每个机构都受益。因此，它应通过普通资金筹资。

10. 为州关键信息系统制定灾难恢复计划，对州政府有普遍的利益，所以应通过普通资金来筹资。当前，还没有制定一个灾难恢复计划，用以定义发生天灾时州关键系统运转所需的资源。如果这样的一个计划必须通过计算机服务费的间接费用来筹资的话，该计划很可能不能完成。州政府和公众对于特定系统中包含的信息以及系统的持续运转存在依赖

159

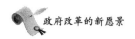

性。因此，制定灾难恢复计划对所有州政府有普遍的利益。

为更好执行服务管理矩阵，我们推荐以下管理工具：

1. 行政部公用事业和州机构顾客应当签署服务合同。合同必须保证从行政部业务获得一定层次的服务，作为回报，行政部在那段时间内应得到一定层次交易和金钱数量的承诺。这可以为各州机构的服务和费用提供更大的稳定性，并增加它们对州机构的责任。

2. 行政部的周转资金的结构应被重组，以便把市场竞争业务划归企业资金，把公用事业业务划归内部服务资金。这将阐明何种业务能提供何种服务，并能允许正确地采用不同的管理法则。内部服务资金适合于公共事业业务的原因是，该资金是基于成本补偿原则，为解决一个机构（行政部）为其他机构或政府机关提供商品和服务时的融资问题而设立的。企业资金适合于市场业务的原因是，该资金是为解决在融资和运营方面及市场竞争中的私营商业有些类似的经营而设立的。

3. 应建立监督每项公共事业的顾客特别小组。该小组应审查公共事业提供服务的质量、费用、投资以及其他共同关注的问题。这应当能为行政部和财政部提供建议。公共事业业务应当在其提供服务的质量和费用上对顾客负责。

4. 需要改良周转资金的会计制度。全州性的会计制度，不适合使用应计发生制方法的周转资金。目前，全州性的会计制度不提供资产折旧、投资传递、半成品的核算以及收益核算的方法。因此，就不易获取有效管理商业所需的及时准确的信息。一个适合周转资金的会计制度，应能为监督和管理公用事业和市场竞争业务提供更多的信息。

5. 各使用公共事业和市场服务的州立机构的消费模式，应按照正规标准上报给州议会。这将允许州议会、州长及财政部能审查州立机构在这些业务领域中的业务水平，并使购买机构对这种消费负责。

6. 必须赋予市场业务的管理者有效竞争所需的灵活性。随着这些业务的确定，任何需要改进方面的建议都应提交给州长和州议会。

7. 向州议会汇报周转资金可大幅提高。在两年预算文件中的财政数据，应通过资金平衡表和损益报表提供的合并数据而得到提高。应当为州议会提供财务季报和年收费成套资料，而不仅仅提供给立法委员。市场的商业计划同样应提交给州议会供其审查之用。

附录 2
人事技巧时事通讯

 雇员关系部

精通人事管理的经理和高级管理者的信息系列

雇员关系部的人事请求：这究竟需要多长时间？

当丹获悉他即将获得他向州议会申请的资金时，他非常高兴。现在，163
他可以雇用需要的那六个雇员来进行他的计划了。

他不能肯定雇六个人需要多长时间，也不知该从何处着手。但现在
才是 5 月份，而那笔资金无论如何也要到 7 月 1 日才能到位。他还有时间
去考虑这个问题。

在这期间，他四处询问，并得到了各种各样的答复：

"我没用几天，就得到了面试人员的名单。"

"在面试他们之前，我不得不等了几个月。"

"我在街上雇用员工，这只用了一个星期。"

用了一个半月在州议会大厦游说之后，丹在办公室里有一大堆工作
等着他去做。接着，需要他关注的一些新问题又突然出现。最后他才有
时间考虑他的新计划。时间就这么过去了。

6 月 15 日，丹遇到了他的人事主管，并被告知在开始面试之前他还
得等三个月。他简直不能相信自己的耳朵！"三个月？我不能容忍等这么
久！"他气急败坏地说，"我只是要雇用六个雇员！为什么要这么久？"

听起来耳熟吗？像丹一样，你可能也曾因雇佣的时间，或是缺乏究
竟要花多长时间的信息而感到沮丧。这可能会使你想到州人事制度是为

159

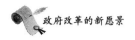

确保公民能获得州营工作而设立的。这意味着能为每个申请者提供一个受雇佣的公平机会，并且使用公正的选择标准。量才录用、劳资谈判及反歧视行动都是为提供公平就业机会而制定的公共政策。将它们付诸实践还需花一些时间。

"我当然想让事情变得公平，谁不想呢？"你可能会这么想，"但我希望事情能进展得快一些，或者至少让我知道究竟需要多少时间。"

不要灰心，这方面改进已经开始了。人事处已采取措施，提高服务的效率。例如，人事处已经为所有的人事服务设定了周转时间，后面提到了这个周转时间的表格。用它可以确定你的需求要花多少时间。知道了期待的东西，会帮助丹节省时间，少走弯路。这同样也会对你有所帮助。

164 让该系统为你工作

在处理人事问题的过程中，你是否因为缺乏控制权而感到困扰？牢记这一点，正是你开始了这个游戏。在网球术语中，就是你发球。网球比赛中，当你发球时，你能决定球的旋转程度，球飞过球网时的高度，球的落点。这些都取决于你的准备动作和挥拍。人事问题和网球比赛一样，你可以做许多事情，使球落在你预想的位置。

> 五步工作法：
>
> 1. 事前计划。
> 2. 与人事部门商谈。
> 3. 写出职位说明。
> 4. 列出你的优先次序。
> 5. 把你的要求写成书面材料。

1. 事前计划

时间就是一切。密切关注你的人事构想：

- 是否有人要退休？
- 是否有人要调换职业？
- 是否期望州议会资助你的新职位？

使用187页的表格，找出雇员关系部通过笔试筛选候选人需要多长时间，把你及你的人事部门制定需求的时间和它相加。然后从你打算雇佣的日期向前推算，便得到了你应当开始的时间。

2. 与人事部门商谈

没人比你自己更清楚你想要什么。你的人事办公室可以通过该系统为你提供指导。向它询问以下的问题：

- 有没有分类？
- 有没有名单？
- 有没有测试？
- 有没有其他的选择？
- 我们需要做什么？

把这比做购买房产：你是买主，而人事办公室是房地产经纪人。你告诉经纪人你需要什么，以及你愿为此支付多少。经纪人和人事专家都会推敲你的需求，扩展你的选择范围，并通过一个你不熟悉的系统为你提供指导。尽早和专家商谈，会增加你及时想要得到东西的机会。

3. 写出职位说明

精确地描述职位，对职位分类和候选人的选择来说是非常必要的。只有你可以设计这个职位。即使已经有了一个职位说明，你也应当对它进行审查，来确定它是否能反映出你的需要。一个好的职位说明可以为人事专家指出他们要决定的事情：

- 如何给职位分类？
- 这个职位是干什么的，需要什么技能？
- 工资范围是多少？

4. 列出你的优先次序

人事处和你的人事办公室，不断收到你的人事需求。它们通常不能像它们愿意的那样，对你的这些需求作出迅速答复。但你可以通过优先考虑你的需求的方法，增加获得迅速回应的机会。按照重要性排列你的需求，然后和你的人事办公室一起，制定一个可行的时间表使这些需求得到满足。

5. 把你的要求写成书面材料

和你的人事办公室一起工作，要确保：

- 职位说明要准确描述工作和所需技能。
- 组织系统表要显示出你部门中一个职位和其他职位的关系。
- 备忘录中应描述你需要这种职位及级别的理由。
- 如果职位是一个管理岗位，你要完成一个管理者调查表。

每年，一个由 37 人组成的人事处要处理：

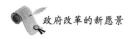

- 超过 60 000 件申请
- 3 000 个审核需求
- 600 次考核

165 时间是如何使用的？

雇员关系部服务的周转时间

提供的服务	所需时间
● 制定候选人鉴定表	一天
● 提供候选人申请表的复印件	三天
● 给空缺职位分类	两周
● 将已占有的职位重新分类	六周
● 招聘并筛选候选人，通过：	
经验和培训评估	三个月
笔试	四个月
多方面考试	据考试情况而定

周转时间从你的全部书面需求到雇员关系部的那一天开始。

● 制定候选人鉴定表：一天

十次中有七次，有一些候选人已经通过了所需的考试。应当从这些候选人中加以选择，制定出一个鉴定表。这个鉴定表包括：成绩最好的候选人的名字，以及肯定能帮你实现目标的人的名字。雇员关系部收到你的需求一天后，你的人事办公室就能从计算机中获得该鉴定表。

● 提供候选人申请表的复印件：三天

因为认证表中只包含姓名、地址及电话号码，所以你可能还想得到这些候选人申请表的复印件，完成这一步需三天时间。

● 给空缺职位分类：两周

所有的职位，都有一个职位级别准确公正反映出它将要从事的工作。人事处的专家审查你提交的职位说明，来决定这个职位是适用于一个现有的种类，还是应当为其建立一个新种类。如果存在一个适合的种类，那么为一个职位分类可能只需两周的时间。

● 将已占有的职位重新分类：六周

为现存职位重新分类花的时间不会比为一个新职位分类的时间要长。但是，为空缺职位分类占有优先权，这是因为：

- 在调整已被安排的职位之前，填补那些未被安排的职位，是符合逻辑的。

- 当一个已占有的职位被调整到一个更高的级别中时，从提交全部书面需求的那一天开始，为雇员增加工资是一个合适的做法。所以时间稍长一点（六星期），不会对现任者造成伤害。
- **招聘并筛选候选人：三个月或四个月**

十次中有三次，人事处要从零开始制定该鉴定表。为给你提供一个可供选择的候选人名单，就要进行一次考试。考试的过程主要包括以下几步：

- 决定使用原有的考试还是需要新的考试来找出最好的候选者。
- 设计考试题目。
- 在州公告栏中张贴考试告示。
- 为申请者留出响应时间，两个星期或更长，由管理者决定。
- 为考试打分。

使用详尽的工作申请表（经验和培训评估），筛选候选人并制定鉴定表需要三个月的时间。笔试则需要花四个月的时间，原因是需要为全州范围的申请人和管理测试安排时间。

什么情况下周转时间会延长？

在95％的情况下，雇员关系部提供的服务会在表中所列的时间内完 *166* 成。但是，例外的情况会导致时间的延长。这里有几个例子：

- 集体协议单位中职位的安排

如果有这样一个问题，即一个新的职位或一个要重新分类的职位，应被分配给哪一个集体协议单位，那么这就需要仲裁服务局来决定把它安排到何处。

- 意见不一致

如果你不同意人事处对一个职位的分类意见，那么你可能想要提出更多的资料来支持你的要求。

- 新种类的建立

如果一个职位不适合现存的任何种类，那么就需通过海氏评价程序来创建一个新种类。这需要一个日程安排，并且引入一个特别小组来审查这项工作。

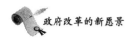

什么是你的人事办公室的内部期?

你的人事办公室也需要时间来处理你的需求。对某些种类来说,它可能已经取代雇员关系部而成为了权威。请它帮你计算出批准一个请求所花的全部时间。

如果你真的不能等,你应该怎么做?

与你的人事办公室交换意见,说明全部问题,要求它告诉你可能的选择。

雇员关系部

处长 ···································· 尼娜·罗斯蔡尔德

副处长

人事处 ···································· 伊莱恩·约翰逊

劳资关系处 ···································· 兰斯·蒂奇沃斯

为管理者和监督人提供系列信息的《人事技巧》,由雇员关系部人事处和机构人事办公室合作出版。

编辑 ···································· 彭妮·亨克

特约撰稿者:

乔·科西卡　　　　雇员关系部人事处

审阅者:

克雷格·约翰逊　　人权服务部

爱德华·琼斯　　　雇员关系部人事处

辛迪·瓦伦汀　　　雇员关系部人事处

附录3
1992—1993 年度财政
预算细则 (1990)

明尼苏达州
州长府
圣保罗市 55155

鲁迪·勃彼奇
州长

1990 年 8 月 14 日

收信人：所有机构长官
发信人：鲁迪·勃彼奇州长

在我们准备 1992—1993 年的两年预算时，明尼苏达州的财政状况仍然是殷实的、易管理的。虽然我们为《金融世界》杂志今年授予我们州的殊荣而感到骄傲，但我们还要努力进一步改善我们的状况。要实现这一目标，不仅仅需要保持收支平衡，更重要的是我们如何使用税款，以及它们所代表的选择。我们的目标是为每一个市民提供高水准的生活，并且为我们及孩子们的将来作明智的投资。

在未来的几个月中，我们的挑战将来自于我们的财力。我们计划，在未来两年中，全州的收入每年的增长略高于 5％。正如我们去年 4 月份在州议会会议结束时作的结论一样，这些收入差不多和我们计划的"基线"支出达到平衡。

因此，我要求你们每个人，积极努力地审查本机构以前计划的效果，并且作出一个帮助将来提高成效的决议。我们的最终议案，会反映出你

们对发挥可用资源最大潜能的最好的想法。

我感谢你们的工作和贡献。这对于我们的将来和明尼苏达州的市民来说是非常重要的。

1992—1993 年两年预算细则

一、预算程序总结

在 1992—1993 的两年预算程序中，我们将继续从着眼于渐进变化的传统预算观念中解放出来，而采用一种将重点放在战略规划、优先权设定、重新调整基础资源和效果的方法。在未来几年中，我们对本州服务和财政前景所期望的累积变化，为我们提供了一个机会，来改进提交和评价财力决议的方式。

在 1992—1993 的两年预算程序中，我们强调管理计划、优先权设置以及把成效和决议相关联。我们的目的是，把管理计划的成果，通过预算过程转变成具体的以成效为导向的决议制定。许多州机构独立承担了着眼于个别结果的革新工作。1992—1993 年度的预算程序，要求把财力分配决议同贯穿于州政府计划目标和实行策略结合起来。

明尼苏达州计划预算的目的和收益，应被重新审查并加以改进。预算过程中决议的制定，通常是被两位数的投入和递增的改变等因素所阻挠，而不是被达到的成效所阻止。单纯地要求文件和公文的数量，更会阻挠计划的进行。对于 1992—1993 年度的预算程序中的变革，应设法扭转这种趋势……

二、新观念和新变化

在机构长官准备 1992—1993 财政年度的机构预算需求时，有一些关键的需求和方针是必须被考虑的。这些和过去有很大的不同。

1. 基本预算——量入为出的管理

各机构应当准备并提交仅仅针对 1992—1993 财政年度基本级资金的预算计划。各机构长官，必须准备一个应付该部门所面临的挑战的计划，而不依赖于传统变化需求。各机构的预算程序，将不再支持机构变更级别需求。

机构预算必须对财政前景和它指出的管理本州运营的方法，作出有效的回应。新资金的产生，一定伴随着当前支出的减少。进一步说，通货膨胀限制线要求，通过机构服务和计划的重组，把未来两年所有花费的潜在提高，都控制在基本资金的范围之内。

2. 在基本资金范围内实施管理   171

机构管理的责任在于，为花费的数量，以及本州计划的范围、方向和性质制定重大的战略决策。在编制预算和决策过程中，两位数的物品代码、员工人数和其他细节要尽量减少，以便用最有效的方式，为机构在制定服务和计划时提供最大的灵活性……

在规则、条例以及影响有效服务管理能力的行政计划方面必要的改变，必须被审查。各机构必须鉴别出那些需要删去或修改的法定条文，以便使它们为减少本州贸易的连续成本，制定并完善补充法案。

本州各机构必须坚持成本意识，并且采取一定的管理措施来控制成本，作为回应基本预算需要的一部分。那些侧重于发展的预算需求，必须用响应需求的增值策略来表示出来。任何一项新的投资必须使用基本资金。

3. 基本预算的调整

执行者审查预算时，将会专注于基本开销提案所产生的结果。一个不能产生确定结果或不能达到"需要和满意"标准的基本计划，很可能不会被推荐。

因此，我们期望机构能够使当前的业务运营，服从于新计划初期所作的详细分析和调整。预算文档被用来强调机构管理所作的选择和决定。机构必须准备为当前和申请的计划选择资金级别。过去的经验告诉我们，维持财政的稳定性就要求公平交易。

4. 将资源和结果相联系

预算程序成功的关键在于，各机构把资源分配决议同特定的结果或成果相联系的能力。

要明确地表达出，和机构基本筹资计划相关联的长期和短期目标，还要提供一个可用来衡量有效成果的指标。机构的任务、计划的结构以及预算表达的信息，都必须确保预算决议同充当资源分配基础的结果相联系。机构的目标、工作指标及成果，为部门内和部门间的取舍提供了一个统一标准。

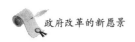

一个机构保持同额基本资金的能力，取决于这类信息是否充足。预算格式将被改变，以突出这类把资源分配决议和他们期望的结果联系在一起的信息。这种成果导向和预算文档格式的改变，都要求机构以表格形式提交预算，以便于对机构决议的预期效果加以审查和讨论。

5. 预算工作组

作为 1992—1993 年度预算程序的一部分，州长必须指派一些工作组，包括部门领导和财政部。虽然各机构都有责任为未来两年准备好机构基本计划，但这些工作组仍将被安排到主要计划区，并且要求他们在联合筹款基础上审查优先权、确定时机。这些工作组将在 8 月份被召集，将在 11 月的预测中提出意见。每个工作组都要考虑并研究大量的可供选择的方针，以及有关计划资金选择的建议，并且为州长考虑的一些因素作出选择……

这些工作组的重要目的之一是确保用长远的眼光来决定优先权，并要确保把相同的计划、优先权设定及成果标准应用到所有主要的州计划中。

6. 四年远景规划

沿袭上届立法会议的惯例，财政部将根据四年远景规划提出并"追踪"该预算。这就可以确保在作出新的拨款计划时，所有的费用都已被考虑到。而且在未来两年中将产生的债务都已被确定。

各机构在它们每个计划的陈述中，都必须包含在 1994、1995 年两年中将产生重大影响的决议的费用。这些需要提前计划好，以便在随后的两年中达到收支平衡。

机构的计划陈述中，应该描述出对 1994、1995 年两年正在进行的或被提议的计划有可能的财政影响，这些计划中的增长不应是由通货膨胀因素导致的。财政部在 1994—1995 年建立以追踪为目的的基线时，将使用这些信息。

7. 为机构提供帮助

预算执行官员将会帮助全体员工适应预算方针、预算过程的变化以及个别规划成果的识别。和过去的预算一样，预算执行官员将就预算的形式、格式以及两年预算体系提供技术上的指导……

三、基本级资金：控制通货膨胀

决定 1992—1993 财政年度的基本级

机构将在已确定的基本级资金范围内，制定它们的 1992—1993 年预

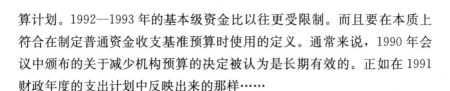

算计划。1992—1993 年的基本级资金比以往更受限制。而且要在本质上符合在制定普通资金收支基准预算时使用的定义。通常来说，1990 年会议中颁布的关于减少机构预算的决定被认为是长期有效的。正如在 1991 财政年度的支出计划中反映出来的那样……

在基本级资金范围内管理预算

1992—1993 财政年度的基本级的调整，还不能在本年中把资金恢复到 1990 年立法会议颁布缩减预算政策之前的水平。

1992—1993 财政年度的基本级的调整，不会为因成本提高而作的普通调整增加额外的资金投入。在 11 月份的预测后，将对提高工资所需费用的资金决议作出审查。希望机构制定它们的预算时，将所有可预见的成本增加控制在基本级范围内……

我们期望机构起草的 1992—1993 财政年度的计划，能够通过重新分配现有资金、重新定义优先级并考虑到为了能在可用资金范围内管理基本成本而构思的一些改变，在基本级资金范围内实施管理。这些方法，可能有以下存在形式：服务或程序的重新设计，采购商品和服务级别的变化，使资源重新分配成为最高优先级的活动……

人名索引 *

＊ 人名索引页码为英文原书页码，n.＋数字表示注释的序号，［ ］中的内容表示该注释
所在的章或部分。

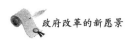

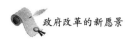

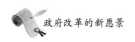

---

　* 主题索引页码为英文原书页码，n.＋数字表示注释的序号，[ ] 中的内容表示该注释所在的章或部分。

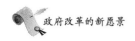

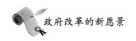

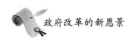

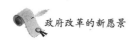

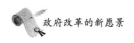

译后记

　　本书代表了政府机构改革的最新观点，全方位地阐述了现实中改革的步骤、过程及所取得的成效，向人们展示了政府机构改革新的视角。

　　本书在翻译过程中得到了中国人民大学出版社的大力支持，原书作者巴泽雷先生的弟子张彪兵先生为本书提出了不少改进意见，一并深表谢意。

　　虽然本书的翻译过程倾注了译者的大量心血，但由于参译同志掌握的专业材料有限，错误和缺点在所难免，望国内外专家学者、读者不吝指正，以期改进。

译者

人大版公共管理类翻译（影印）图书

公共行政与公共管理经典译丛

书名	著译者	定价
公共管理名著精华："公共行政与公共管理经典译丛"导读	吴爱明　刘晶　主编	49.80 元

经典教材系列

书名	著译者	定价
公共管理导论（第四版）	［澳］欧文·E·休斯　著 张成福　马子博　等　译	48.00 元
政治学（第三版）	［英］安德鲁·海伍德　著 张立鹏　译	49.80 元
公共政策分析导论（第四版）	［美］威廉·N·邓恩　著 谢明　等　译	49.00 元
公共政策制定（第五版）	［美］詹姆斯·E·安德森　著 谢明　等　译	46.00 元
公共行政学：管理、政治和法律的途径（第五版）	［美］戴维·H·罗森布鲁姆　等　著 张成福　等　译校	58.00 元
比较公共行政（第六版）	［美］费勒尔·海迪　著 刘俊生　译校	49.80 元
公共部门人力资源管理：系统与战略（第六版）	［美］唐纳德·E·克林纳　等　著 孙柏瑛　等　译	58.00 元
公共部门人力资源管理（第二版）	［美］埃文·M·伯曼　等　著 萧鸣政　等　译	49.00 元
行政伦理学：实现行政责任的途径（第五版）	［美］特里·L·库珀　著 张秀琴　译　音正权　校	35.00 元
民治政府：美国政府与政治（第 23 版·中国版）	［美］戴维·B·马格莱比　等　著 吴爱明　等　编译	58.00 元
比较政府与政治导论（第五版）	［英］罗德·黑格　马丁·哈罗普　著 张小劲　等　译	48.00 元
公共组织理论（第五版）	［美］罗伯特·B·登哈特　著 扶松茂　丁力　译　竺乾威　校	32.00 元
公共组织行为学	［美］罗伯特·B·登哈特　等　著 赵丽江　译	49.80 元
组织领导学（第七版）	［美］加里·尤克尔　著 丰俊功　译	78.00 元
公共关系：职业与实践（第四版）	［美］奥蒂斯·巴斯金　等　著 孔祥军　等　译　郭惠民　审校	68.00 元
公用事业管理：面对 21 世纪的挑战	［美］戴维·E·麦克纳博　著 常健　等　译	39.00 元
公共预算中的政治：收入与支出，借贷与平衡（第四版）	［美］爱伦·鲁宾　著 叶娟丽　马骏　等　译	39.00 元
公共行政学新论：行政过程的政治（第二版）	［美］詹姆斯·W·费斯勒　等　著 陈振明　等　译校	58.00 元
公共和第三部门组织的战略管理：领导手册	［美］保罗·C·纳特　等　著 陈振明　等　译校	43.00 元

书名	著译者	定价
公共行政与公共事务（第十版）	［美］尼古拉斯·亨利　著 孙迎春　译	52.00 元
公共管理案例教学指南	［美］小劳伦斯·E·列恩　著 郄少健　等　译　张成福　等　校	26.00 元
公共管理中的应用统计学（第五版）	［美］肯尼思·J·迈耶　等　著 李静萍　等　译	49.00 元
现代城市规划（第五版）	［美］约翰·M·利维　著 张景秋　等　译	39.00 元
非营利组织管理	［美］詹姆斯·P·盖拉特　著 邓国胜　等　译	38.00 元
非营利组织战略营销（第五版）	［美］菲利普·科特勒　等　著 孟延春　等　译	58.00 元
公共财政管理：分析与应用（第六版）	［美］约翰·L·米克塞尔　著 白彦锋　马蔡琛　译　高培勇　等　校	69.90 元
企业与社会：公司战略、公共政策与伦理（第十版）	［美］詹姆斯·E·波斯特　等　著 张志强　等　译	59.80 元
公共行政学：概念与案例（第七版）	［美］理查德·J·斯蒂尔曼二世　编著 竺乾威　等　译	75.00 元
公共管理研究方法（第五版）	［美］伊丽莎白森·奥沙利文　等　著 王国勤　等　译	79.00 元
公共管理中的量化方法：技术与应用（第三版）	［美］苏珊·韦尔奇　等　著 郝大海　等　译	39.00 元
公共与非营利组织绩效考评：方法与应用	［美］西奥多·H·波伊斯特　著 肖鸣政　等　译	35.00 元
政治体制中的行政法（第三版）	［美］肯尼思·F·沃伦　著 王丛虎　等　译	78.00 元
政府与非营利组织会计（第 12 版）	［美］厄尔·R·威尔逊　等　著 荆新　等　译校	79.00 元
政治科学的理论与方法（第二版）	［英］大卫·马什　等　编 景跃进　张小劲　欧阳景根　译	38.00 元
公共管理的技巧（第九版）	［美］乔治·伯克利　等　著 丁煌　主译	59.00 元
领导学：理论与实践（第五版）	［美］彼得·G·诺斯豪斯　著 吴爱明　陈爱明　陈晓明　译	48.00 元
领导学（亚洲版）	［新加坡］林志颂　等　著 顾朋兰　等　译　丁进锋　校译	59.80 元
领导学：个人发展与职场成功（第二版）	［美］克利夫·里科特斯　著 戴卫东　等　译　姜雪　校译	69.00 元
二十一世纪的公共行政：挑战与改革	［美］菲利普·J·库珀　等　著 王巧玲　李文钊　译　毛寿龙　校	45.00 元
行政学（新版）	［日］西尾胜　著 毛桂荣　等　译	35.00 元
比较公共行政导论：官僚政治视角（第六版）	［美］B·盖伊·彼得斯　著 聂露　李姿姿　译	49.80 元
理解公共政策（第十二版）	［美］托马斯·R·戴伊　著 谢明　译	45.00 元
公共政策导论（第三版）	［美］小约瑟夫·斯图尔特　等　著 韩红　译	35.00 元

书名	著译者	定价
公共政策分析：理论与实践（第四版）	［美］戴维·L·韦默 等 著 刘伟 译校	68.00 元
应急管理概论	［美］米切尔·K·林德尔 等 著 王宏伟 译	55.00 元
公共行政导论（第六版）	［美］杰伊·M·沙夫里茨 等 著 刘俊生 等 译	65.00 元
城市管理学：美国视角（第六版）	［美］戴维·R·摩根 等 著 杨宏山 陈建国 译 杨宏山 校	49.00 元
公共经济学：政府在国家经济中的作用	［美］林德尔·G·霍尔库姆 著 顾建光 译	69.80 元
公共部门管理（第八版）	［美］格罗弗·斯塔林 著 常健 等 译 常健 校	75.00 元

公共管理实务系列

书名	著译者	定价
新有效公共管理者：在变革的政府中追求成功（第二版）	［美］史蒂文·科恩 等 著 王巧玲 等 译 张成福 校	28.00 元
驾御变革的浪潮：开发动荡时代的管理潜能	［加］加里斯·摩根 著 孙晓莉 译 刘霞 校	22.00 元
自上而下的政策制定	［美］托马斯·R·戴伊 著 鞠方安 等 译	23.00 元
政府全面质量管理：实践指南	［美］史蒂文·科恩 等 著 孔宪遂 等 译	25.00 元
公共部门标杆管理：突破政府绩效的瓶颈	［美］帕特里夏·基利 等 著 张定淮 译校	28.00 元
创建高绩效政府组织：公共管理实用指南	［美］马克·G·波波维奇 主编 孔宪遂 等 译 耿洪敏 校	23.00 元
职业优势：公共服务中的技能三角	［美］詹姆斯·S·鲍曼 等 著 张秀琴 译 音正权 校	19.00 元
全球筹款手册：NGO 及社区组织资源动员指南（第二版）	［美］米歇尔·诺顿 著 张秀琴 等 译 音正权 校	39.80 元

政府治理与改革系列

书名	著译者	定价
新公共服务：服务，而不是掌舵	［美］珍妮特·V·登哈特 罗伯特·B·登哈特 著 丁煌 译 丁煌 方兴 校	28.00 元
公共决策中的公民参与	［美］约翰·克莱顿·托马斯 著 孙柏瑛 等 译	28.00 元
再造政府	［美］戴维·奥斯本 等 著 谭功荣 等 译	45.00 元
构建虚拟政府：信息技术与制度创新	［美］简·E·芳汀 著 邵国松 译	32.00 元
突破官僚制：政府管理的新愿景	［美］麦克尔·巴泽雷 著 孔宪遂 等 译	25.00 元
政府未来的治理模式（中文修订版）	［美］B·盖伊·彼得斯 著 吴爱明 等 译 张成福 校	38.00 元
无缝隙政府：公共部门再造指南（中文修订版）	［美］拉塞尔·M·林登 著 汪大海 等 译	48.00 元

书名	著译者	定价
公民治理：引领 21 世纪的美国社区（中文修订版）	[美] 理查德·C·博克斯　著 孙柏瑛　等　译	38.00 元
民营化与公私部门的伙伴关系	[美] E.S. 萨瓦斯　著 周志忍　等　译	39.00 元
持续创新：打造自发创新的政府和非营利组织	[美] 保罗·C·莱特　著 张秀琴　译　音正权　校	28.00 元
政府改革手册：战略与工具	[美] 戴维·奥斯本　等　著 谭功荣　等　译	59.00 元
公共部门的社会问责：理念探讨及模式分析	世界银行专家组　著 宋涛　译校	28.00 元
公私合作伙伴关系：基础设施供给和项目融资的全球革命	[英] 达霖·格里姆赛　等　著 济邦咨询公司　译	29.80 元
非政府组织问责：政治、原则与创新	[美] 丽莎·乔丹　等　主编 康晓光　等　译　冯利　校	32.00 元
市场与国家之间的发展政策：公民社会组织的可能性与界限	[德] 康保锐　著 隋学礼　译校	49.80 元
建设更好的政府：建立监控与评估系统	[澳] 凯思·麦基　著 丁煌　译　方兴　校	30.00 元

学术前沿系列

书名	著译者	定价
公共行政的精神（中文修订版）	[美] H·乔治·弗雷德里克森　著 张成福　等　译　张成福　校	48.00 元
后现代公共行政：话语指向（中文修订版）	[美] 查尔斯·J·福克斯　等　著 楚艳红　等　译　吴琼　校	38.00 元
公共行政的合法性：一种话语分析（中文修订版）	[美] O.C. 麦克斯怀特　著 吴琼　译	待出
公共行政的语言：官僚制、现代性和后现代性（中文修订版）	[美] 戴维·约翰·法默尔　著 吴琼　译	待出
官僚制内幕	[美] 安东尼·唐斯　著 郭小聪　等　译	38.00 元
领导学	[美] 詹姆斯·麦格雷戈·伯恩斯　著 常健　孙海云　等　译　常健　校	69.00 元
官僚经验：后现代主义的挑战（第五版）	[美] 拉尔夫·P·赫梅尔　著 韩红　译	39.00 元
制度分析：理论与争议（第二版）	[韩] 河连燮　著 李秀峰　柴宝勇　译	48.00 元
公共服务中的情绪劳动	[美] 玛丽·E·盖伊　等　著 周文霞　等　译	38.00 元
预算过程中的新政治（第五版）	[美] 阿伦·威尔达夫斯基　等　著 苟燕楠　译	58.00 元
公共行政中的价值观与美德：比较研究视角	[荷] 米歇尔·S·德·弗里斯　等　主编 熊缨　耿小平　等　译	58.00 元

案例系列

书名	著译者	定价
公共管理案例（第五版）	[美] 罗伯特·T·戈伦比威斯基　等　主编 汪大海　等　译	28.00 元

书名	著译者	定价
组织发展案例：环境、行为与组织变革	［美］罗伯特·T·戈伦比威斯基 等 主编 杨爱华 等 译	29.00 元
公共部门人力资源管理案例	［美］T·赞恩·里夫斯 主编 句华 主译 孙柏瑛 统校	22.00 元
非营利组织管理案例与应用	［美］罗伯特·T·戈伦比威斯基 等 主编 邓国胜 等 译	23.00 元
公共管理的法律案例分析	［美］戴维·H·罗森布鲁姆 等 著 王丛虎 主译	33.00 元
公共政策分析案例（第二版）	［美］乔治·M·格斯 等 著 王军霞 等 译	待出

学术经典系列

书名	著译者	定价
新公共行政	［美］H·乔治·弗雷德里克森 著 丁煌 方兴 译 丁煌 校	23.00 元

公共政策经典译丛

书名	著译者	定价
公共政策评估	［美］弗兰克·费希尔 著 吴爱明 等 译	38.00 元
议程、备选方案与公共政策（第二版）	［美］约翰·W·金登 著 丁煌 方兴 译	38.00 元
公共政策工具——对公共管理工具的评价	［美］B·盖伊·彼得斯 等 编 顾建光 译	29.80 元
第四代评估	［美］埃贡·G·古贝 等 著 秦霖 等 译 杨爱华 校	39.00 元
政策规划与评估方法	［加］梁鹤年 著 丁进锋 译	39.80 元

当代西方公共行政学思想经典译丛

书名	编译者	定价
公共行政学中的批判理论	戴黍 牛美丽 等 编译	29.00 元
公民参与	王巍 牛美丽 编译	45.00 元
公共行政学百年争论	颜昌武 马骏 编译	49.80 元
公共行政学中的伦理话语	罗蔚 周霞 编译	45.00 元

当代世界学术名著

书名	著译者	定价
政策悖论：政治决策中的艺术（修订版）	［美］德博拉·斯通 著 顾建光 译	58.00 元
公共行政的语言——官僚制、现代性和后现代性	［美］戴维·约翰·法默尔 著 吴琼 译	49.80 元
公共行政的精神	［美］乔治·弗雷德里克森 著 张成福 等 译	45.00 元
公共行政的合法性——一种话语分析	［美］O.C.麦克斯怀特 著 吴琼 译	48.00 元

卓越领导

书名	著译者	定价
领袖	[美] 詹姆斯·麦格雷戈·伯恩斯　著 常健　等　译	49.00 元
特立独行：从肯尼迪到小布什的总统领导艺术	[美] 詹姆斯·麦格雷戈·伯恩斯　著 吴爱明　等　译	39.80 元
创新型领导艺术：激发团队创造力	[英] 约翰·阿代尔　著 吴爱明　等　译	25.00 元
创造性思维艺术：激发个人创造力	[英] 约翰·阿代尔　著 吴爱明　等　译	25.00 元

公共管理英文版教材系列

书名	作者	定价
公共管理导论（第三版）	[澳] Owen E. Hughes （欧文·E·休斯）　著	28.00 元
理解公共政策（第十二版）	[美] Thomas R. Dye （托马斯·R·戴伊）　著	34.00 元
公共行政学经典（第五版）	[美] Jay M. Shafritz （杰伊·M·莎夫里茨）　等　编	59.80 元
组织理论经典（第五版）	[美] Jay M. Shafritz （杰伊·M·莎夫里茨）　等　编	46.00 元
公共政策导论（第三版）	[美] Joseph Stewart, Jr. （小约瑟夫·斯图尔特）　等　著	35.00 元
公共部门管理（第九版·中国学生版）	[美] Grover Starling （格罗弗·斯塔林）　著	59.80 元
政治学（第三版）	[英] Andrew Heywood （安德鲁·海伍德）　著	35.00 元
公共行政导论（第五版）	[美] Jay M. Shafritz （杰伊·M·莎夫里茨）　等　著	58.00 元
公共组织理论（第五版）	[美] Robert B. Denhardt （罗伯特·B·登哈特）　著	32.00 元
公共政策分析导论（第四版）	[美] William N. Dunn （威廉·N·邓恩）　著	45.00 元
公共部门人力资源管理：系统与战略（第六版）	[美] Donald E. Klingner （唐纳德·E·克林纳）　等　著	48.00 元
公共行政与公共事务（第十版）	[美] Nicholas Henry （尼古拉斯·亨利）　著	39.00 元
公共行政学：管理、政治和法律的途径（第七版）	[美] David H. Rosenbloom （戴维·H·罗森布鲁姆）　等　著	68.00 元
公共经济学：政府在国家经济中的作用	[美] Randall G. Holcombe （林德尔·G·霍尔库姆）　著	62.00 元
领导学：理论与实践（第六版）	[美] Peter G. Northouse （彼得·G·诺斯豪斯）　著	45.00 元

更多图书信息，请登录 www. crup. com. cn/gggl 查询，或联系中国人民大学出版社政治与公共管理出版分社获取

地址：北京市海淀区中关村大街甲 59 号文化大厦 1202 室　邮编：100872
电话：010－82502724　　　　　　　　　　　　传真：010－62514775
E-mail：ggglcbfs@vip. 163. com　　　　　　　网站：http：//www. crup. com. cn/gggl

图书在版编目（CIP）数据

政府改革的新愿景/（美）巴泽雷著；孔遂宪，王磊，刘忠慧译. —北京：中国人民大学出版社，2015.4
（国家治理与政府改革译丛/张成福主编）
ISBN 978-7-300-21091-9

Ⅰ. ①政… Ⅱ. ①巴…②孔…③王…④刘… Ⅲ. ①国家行政机关-政治体制改革-研究 Ⅳ. ①D035.1

中国版本图书馆 CIP 数据核字（2015）第 073568 号

国家治理与政府改革译丛
总主编　张成福
政府改革的新愿景
［美］迈克尔·巴泽雷（Michael Barzelay）　著
孔遂宪　王　磊　刘忠慧　译
Zhengfu Gaige de Xinyuanjing

出版发行	中国人民大学出版社		
社　　址	北京中关村大街 31 号	**邮政编码**	100080
电　　话	010 - 62511242（总编室）	010 - 62511770（质管部）	
	010 - 82501766（邮购部）	010 - 62514148（门市部）	
	010 - 62515195（发行公司）	010 - 62515275（盗版举报）	
网　　址	http://www.crup.com.cn		
	http://www.ttrnet.com（人大教研网）		
经　　销	新华书店		
印　　刷	涿州市星河印刷有限公司		
规　　格	160 mm×235 mm　16 开本	**版　次**	2015 年 6 月第 1 版
印　　张	13.5 插页 2	**印　次**	2015 年 6 月第 1 次印刷
字　　数	203 000	**定　价**	48.00 元